의대 MMI 필독서 30

필독서 시리즈 | 28

의대 입시 전문가들이 공개하는
MMI 핵심 쟁점 30가지를 한 권에

의대 MMI 필독서 30

신진상
—
공다경
—
박영중

샘시오

의대 합격을 위해
반드시 넘어야 할 관문 MMI,
어떻게 해야 확실히 통과할 수 있을까?

의대 입시 전문가들이 힘을 합쳐 만든
한 권의 로드맵

의대 증원 문제로 시끄러웠던 2024년이 지나고 2025년 의대 정원은 증원 전 규모로 돌아갔습니다. 25학번은 의대 입시의 문이 상대적으로 넓었죠. 하지만 그때도 의대에 들어가기는 하늘의 별 따기만큼 어려웠습니다. 바로 의대 입시의 최종 관문인 의대 면접이 기다리고 있었기 때문입니다. 2026학년도 입시를 치르는 올해도, 입시 제도가 확 바뀌는 2028학년도에도 의대 면접은 변함없이 어려울 것입니다.

의대 면접에는 두 가지 유형이 있습니다. 생기부를 보면서 생기부 내용을 확인하는 서류 면접과 학생이 여러 방을 돌면서 인성과 적성을 테스트하는 MMI. 상위권 의대는 거의 모두 MMI라는 최종 관문을 거쳐야 합니다. 이 MMI가 너무도 중요하고 어렵기 때문에, 대치동에서는 '초등 의대반'에서 MMI를 일찍부터 준비하기도 합니다.

이 책은 그 어려운 MMI에 가장 효과적으로 대비하기 위해서, 말하기 연습보다 더 중요한 것이 독서라고 주장하는 책입니다. 독서를 통해 기초 체력을 길러야지, 절대 단기간에 학원에서 배운다고 실력이 느는 것이 아니기 때문입니다.

이번 책을 쓰면서, 의대를 준비하는 학생들을 지도하고 컨설팅하면서 제가 실제 수업에 활용했던 책들, 그리고 의대 면접에 활용하기 좋은 신간 도서들을 취합하여 모두 30권의 필독서를 선정했습니다. 의대 지원자의 관점에서 책의 내용과 주제를 소개하고, 실제 의대 면접에 나올 수 있는 MMI 쟁점, 그리고 좋은 결과로 이어질 수 있는 모범 답안을 제시했습니다. 면접관의 출제 의도를 정확히 파악해 핵심 쟁점을 녹여 내는 방법을 이 책을 통해서 살펴볼 수 있을 것입니다.

이 책에서는 6개의 장을 통해서 30가지 핵심 쟁점을 제시합니다. MMI에서 단골로 나오는 '윤리적 딜레마' 이슈를 시작으로, 2장 '공감 능력', 3장 '소통 능력', 4장 '인문학적 소양', 5장 '의료 시사', 그리고 마지막 6장에서는 요즘 뜨거운 'AI 관련 상식'을 다룹니다.

한 권의 책을 완성하기 위해 각계의 입시 전문가들이 힘을 합쳤습니다. 이 책의 1부와 2부의 1장, 3장, 4장, 5장은 20년 경력의 입시 컨설턴트이자 MMI 면접 전문가인 신진상 작가가 맡았으며, 2부 2장 '공감 및 이해 능력' 편은 대치동 2응입시센터를 이끌며 입시 유튜브 '대치GO'를 운영하고 있는 공다경 소장이 집필했습니다. 또한 6장 '인공지능과 의료의 미래' 편은 뇌과학 박사이며 AI 전문가인 2응입시팀의 박영중 소장이 참여했습니다.

수험생, 학부모, 교사 모두를 위한 MMI 특별 학습

이 책은 단순히 MMI 예상 문제를 나열하고 그럴듯한 답변을 제시하는 기존의 수많은 MMI 대비서와는 그 출발점부터 다릅니다. 저는 오랜 기간 의대 입시 컨설팅을 해오면서 수많은 학생들의 합격과 불합격을 지켜보았습니다. 그 과정에서 깨달은 명확한 사실 하나는 MMI라는 면접은 결코 단기간의 요령이나 임기응변식 답변으로 통과할 수 있는 시험이 아니라는 것입니다. MMI는 지원자가 가진 내면의 깊이, 세상을 바라보는 통찰력, 인간에 대한 이해, 그리고 윤리적 가치관을 다각도로 평가하고자 합니다. 그리고 이러한 역량은 결코 하루아침에 만들어지지 않습니다.

먼저 수험생 여러분에게, 이 책은 MMI라는 거대한 산을 넘기 위한 가장 확실하면서도 근본적인 등산 장비를 제공할 것입니다. 남들이 만들어놓은 길을 따라가는 것이 아니라, 다양한 주제의 책을 깊이 읽고 스스로 생각하는 힘을 기름으로써 어떤 질문에도 흔들리지 않는 자신만의 논리를 구축하도록 도울 것입니다. 30권의 필독서마다 제시된 'MMI 쟁점과 분석' 그리고 'MMI 모범 답안'은 생각을 확장하고 답변의 방향을 설정하는 데 훌륭한 길잡이가 되어줄 것입니다. 피상적인 답변을 암기하는 데 더 이상 시간을 허비하지 마세요. 진정한 이해와 성찰이 뒷받침되어야만 의대 합격이라는 결과를 손에 넣을 수 있습니다.

다음으로 학부모님들께, 의대 입시라는 긴 여정에서 MMI는 가장 큰 불안 요소일 것입니다. 이 책은 그 불안감을 해소하고, 지속 가능하며 효과적인 MMI 로드맵을 제시합니다. 단순히 학원에 보내고 단기 특강을 듣게 하는 것을 넘어, 자녀가 스스로 생각하는 힘을 키우고 내면을 성장시킬 수 있도록 독서라는 훌륭한 도구를 활용하는 방법을 안내합니다. 이 책을 통해 자녀와 함께 토론하고 고민하는 과정은 MMI 대비를 넘어, 자녀의 지적 성숙과 부모-자녀 간의 유대감을 형성하는 소중한 경험이 될 것입니다.

그리고 일선 학교와 학원의 선생님들께, 이 책은 학생들의 MMI 지도를 위한 매우 구체적이고 실용적인 자료가 될 것이라 확신합니다. 어떤 책을 읽혀야 할지, 어떤 주제로 토론을 이끌어야 할지, 그리고 MMI에서 요구하는 답변의 깊이는 어느 정도인지에 대한 명확한 가이드라인을 제공합니다. 책에서 제시된 30권의 도서와 MMI 쟁점들은 학생들의 사고력을 자극하고, 다양한 관점을 탐색하며, 자신만의 논리를 세우는 데 최적의 자료로 활용될 수 있을 것입니다.

결국 MMI는 '어떤 의사가 될 것인가'라는 질문에 대한 지원자의 진솔한 답변을 듣고자 하는 시험입니다. 박재영 저자가 『개넘 의료』에서 언급한 '개념 있는 의사', 즉 자신의 철학을 가진 의사를 선발하고자 하는 것입니다. 이 책을 통해서 인간과 사회, 생명과 죽음, 그리고 과학과 윤리에 대한 폭넓은 이해와 깊이 있는 성찰을 경험하시길 바랍니다. 이 과정을 통해 길러진 인문학적 소양과 비판적 사고력, 공감과 소통 능력은 MMI에서 성공적인 결과를 가져올 뿐만 아니라, 미래에 훌륭한 의료인으로 성장하는 데 든든한 밑거름이 될 것입니다.

부디 이 책이 의대 입시라는 험난한 여정을 헤쳐 나가는 모든 분들에게 합격의 치트키가 되기를, 그리고 궁극적으로는 우리 사회에 꼭 필요한 따뜻한 마음과 냉철한 지성을 겸비한 미래의 의사들을 키워내는 데 작은 보탬이 되기를 진심으로 바랍니다.

| 차례 |

Chapter 2   공감 및 이해 능력

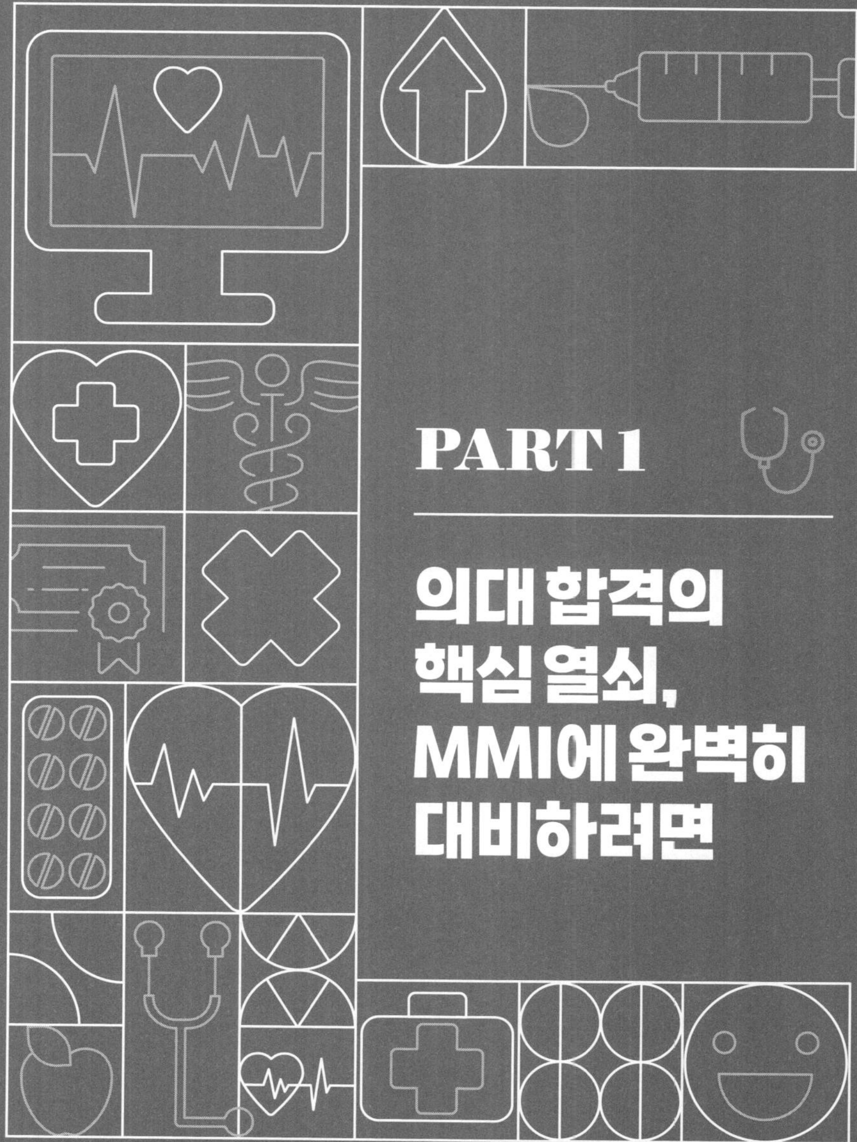

PART 1

의대 합격의 핵심 열쇠, MMI에 완벽히 대비하려면

Must-Read For Medical School MMI

MMI를 알아야
MMI에서 이긴다

입시에서 중요한 것은 내가 만나는 시험의 본질을 정확히 아는 것이다. 특히 MMI는 대충 알아서는 안 되고 정확히 알아야 한다. MMI는 'Multiple Mini Interview'의 약자로, 한국어로는 '다중 미니 면접'으로 번역된다. 이는 의과대학을 비롯한 전문직 선발 과정에서 지원자의 학업 성취 이면에 있는 다양한 역량을 종합적이고 심층적으로 평가하기 위해 고안된 정교한 면접 방식이다. 단순히 지식을 확인하는 것을 넘어 미래의 의료인으로서 갖추어야 할 인성, 공감 능력, 의사소통 기술, 윤리적 판단력, 비판적 사고력, 문제 하결 능력, 그리고 인문학적 소양 등 다면적인 자질을 평가하는 데 그 목적이 있다.

지원자는 보통 3~5개 내외의 독립된 면접 방station을 순차적으로 이동하며, 각 방에서는 10분 내외의 시간 동안 서로 다른 유형의 질문이나 과제에 응답해야 한다. 전체 소요 시간은 보통 20분에서 60분 사이로 구성된다. 각 방에는 서로 다른 면접관이 배치되어 독립적으로 평가를 진행하는데, 이는 한 명의 면접관이 주관적으로 내리는 편견을 최소화하고 지원자를 다각도에서 객관적으로 평가하려는 시도다. 예를 들어 방 다섯 개를 돌며 10명의 의대 교수를 만나는 서울대학교 의과대학의 경우 이들의 점수를 합산해 10분의 1로 나눈 것이 수험생의 면접 점수다.

MMI는 현재 대한민국에서 치러지는 모든 시험 중에서 가장 난이도가 높고 대비가 어려운 시험이다. 지원자를 한 공간에 가둬놓고 "너 얼마나 인간 같니?" "네 도덕성과 판단력은 몇 밀리그램이니?"라는 질문을 우회적으로 돌려가며 압박하는, 말 그대로 인간성 스캔 테스트이기 때문이다. '스컨 테스트'라는 표현을 쓴 이유는 학원에서 아무리 단련된 연습을 하더라도 내가 접하지 않은 지문과 문제를 만날 때 결국은 그 본성이 마치 MRI나 초음파처럼 다 드러나기 때문이다.

MMI가 지원자들에게 어렵게 느껴지는 주된 이유는, 경험해

보지 못했거나 깊이 학습하지 않은 생소한 상황이나 딜레마에 대해 짧은 시간 안에 자신의 생각을 논리적으로 정립하여 명확하게 전달해야 하는 고도의 의사소통 능력을 요구하기 때문이다. 이는 단순한 지식 암기나 정형화된 답변으로는 대처하기 어려운, 지원자의 순발력, 분석력, 그리고 진솔한 가치관이 드러나는 과정이다.

MMI는 '잘해서 붙는 게 아니라 못해서 떨어지는 시험'으로 요약할 수 있다. 즉 치명적인 실수를 피하고 자신의 역량을 안정적으로 보여주는 것이 합격의 관건이다. MMI 시험이 고도로 어려운 이유다. 수능 문제를 실수로 하나 더 틀렸다고 의대에 못 가는 일은 벌어지지 않을 수도 있지만 MMI는 방을 돌면서 단 한 번의 실수, 그리고 그 실수를 그 후 남은 시간 안에 만회하지 못하면 절대 합격할 수 없는 시험이다.

유형별로 역량을 키워라

2025년 현재 우리나라 의대 중에서 MMI 형태, 즉 제시문을 주고 공통 질문을 통해 학생을 변별하려는 학교는 2026학년도 입시를 기준으로 서울대, 연세대, 가톨릭대, 성균관대, 울산대, 고려대, 인제대, 한림대, 대구가톨릭대, 건양대, 건국대(글로컬), 영남대, 을지대, 고신대, 계명대 등 수시에서만 15개 대학이다. 정시에서는 서울대, 연세대, 가톨릭대, 울산대, 성균관대, 고려대, 아주대, 가톨릭관동대, 한림대, 인제대 등 모두 10개 대학이다. 앞으로 현재 고등학교 1학년 학생이 치르는 2028학년도 입시에서는 더 늘어날 것이 확실하다.

MMI 면접은 평가하고자 하는 역량에 따라 다양한 유형의 질문과 과제로 구성된다. 주요 질문 유형은 다음과 같다.

✚ 【1】윤리적 딜레마 및 상황 판단

의료 현장이나 일상생활에서 발생할 수 있는 복잡한 윤리적 문제 상황(환자의 비밀 유지와 공공의 안전 사이의 갈등, 한정된 의료자원의 분배 문제 등)을 제시하고, 지원자의 윤리적 판단 기준, 의사 결정 과정, 그리고 그 근거를 평가한다. 단순히 '정답'을 맞히기보다 다양한 관점을 고려하고 자신의 가치관에 기반한 합리적 해결책을 모색하는 과정을 중시한다.

✚ 【2】의사소통 능력 및 공감 능력

환자, 보호자, 동료 의료진 등 다양한 대상과의 소통 상황을 역할극 형태로 제시하거나(나쁜 소식 전달하기, 불만 가진 환자 응대하기 등) 특정 상황에 대한 지원자의 공감적 이해와 표현 능력을 평가하는 질문을 한다. 경청, 명료한 설명, 비언어적 소통, 감정적 지지 등이 평가 요소가 될 수 있다.

✚ 【3】팀워크 및 협업 능력

다른 지원자 또는 면접관과 함께 공동의 과제(문제 해결, 특정 구조물 만들기 등)를 수행하도록 하여 그 과정에서 나타나는 협동심, 리더십, 팔로워십, 갈등 해결 능력, 의사소통 방식 등을 관찰하고 평가한다.

✚ 【4】인문학적 소양

그림, 사진, 통계 자료, 짧은 글(문학 작품, 누스 기사 등)과 같은 다양한 텍스트를 제시하고, 이를 분석하고 해석하여 자신의 생각이나 느낌을 설명하도록 한다. 이를 통해 지원자의 문화적 이해도, 비판적 사고력, 창의력, 그리고 인간과 사회에 대한 통찰력을 평가한다. 서울대의 경우 특히 인문학적 소양을 깊이 있게 묻는 것으로 알려져 있다.

✚ 【5】의사의 기본 자질 및 가치관

"왜 의사가 되려고 하는가?" "의사에게 가장 중요한 덕목은 무엇이라고 생각하는가?" 등 지원자의 직업관, 가치관, 삶의 목표 등을 직접적으로 묻는다. 진정성, 봉사 정신, 책임감, 직업윤리 등이 중요한 평가 기준이 된다.

✚ [6] 사회 이슈 및 의료 시사

최근 의료계의 주요 현안(필수의료 부족, 의료 AI 도입, 공공의료 강화, 의대 정원 이슈 등)이나 사회 쟁점에 대한 지원자의 관심도와 견해를 묻는다. 이를 통해 문제 인식 능력과 사회적 책임감을 평가할 수 있다.

✚ [7] 개인 경험 및 대인 관계

고등학교 생활 중 겪었던 어려움, 갈등 해결 경험, 리더십 발휘 사례, 친구 관계 등 개인적인 경험에 대한 질문을 통해 지원자의 성격 특성, 대인 관계 기술, 스트레스 대처 방식 등을 간접적으로 파악한다.

✚ [8] 돌발 상황 대처 및 적응력

예상치 못한 질문이나 상황을 제시하여 지원자의 순발력, 스트레스 관리 능력, 그리고 불확실한 상황에 대한 적응력을 평가한다.

위 분류는 유형을 바탕으로 나눈 것이고 질문 제시 방식은 두 가지 유형으로 나눌 수 있다.

✚ 【1】 완전 구조화된 유형

모든 질문이 사전에 정해져 있어 모든 지원자가 동일한 질문을 받는다.

✚ 【2】 반구조화된 유형

첫 질문은 정해져 있지만 이후 질문은 지원자의 답변 내용에 따라 면접관이 유동적으로 이어가는 방식이다. 이는 지원자와 면접관 간의 심층적인 상호작용과 순발력을 요구한다. 즉 지문과 질문이 미리 정해져 있는 방식(가톨릭대나 성균관대, 한림대), 지문만 있고 질문은 즉석에서 교수들이 만드는 서울대 유형이 있다.

논리적이고 다층적인 역량이 합격을 부른다

서울대 MMI는 기본적인 의사소통 능력, 윤리적 판단, 문제 해결 능력 외에도 인문학적 소양을 반드시 캐묻고, 돌발 상황에서의 스트레스 테스트, 그리고 무작위적 상황에 대한 적응력까지 평가하는 것이 특징이다. 또한 "그림, 통계, 사진, 대화문 등 텍스트와 환자 사이의 거리감을 측정한다"고 언급하고 있는데, 이는 단순히 자료 이해 수준을 넘어, 이런 자료를 인간적인 맥락, 특히 환자와의 관계 속에서 어떻게 공감하고 해석하는지를 중요하게 본다는 의미로 볼 수 있다.

예를 들어, 서울대학교 의과대학은 25년 수시 지역균형과 기회균등 전형에서 자크루이 다비드가 그린 〈나폴레옹 1세의 대관식〉과 앙투안 장 그로가 그린 〈자파의 페스트 환자를 방문하는 나폴레옹〉 두 그림을 제시하면서 이 그림들의 공통점과 차이점에 대해서 물은 적이 있다. 이 질문에서 이 그림의 주인공이 나폴레옹인지 아닌지 지식을 드러내는 건 부차적이다. 실제로 두 가지 답변을 인용하면서 서울대학교 의과대학에서 응시자의 답변을 어떻게 평가하는지 따져보자.

✚ 두 그림을 본 적은 없지만 그림 속 주인공이 누구인지는 알았던 경우

"두 그림 모두 역사적 장면을 다룬 듯합니다. 공통적으로 나폴레옹이라는 동일 인물이 중심에 있으며, 군중이나 주변 인물들의 시선이 그에게 집중되어 있다는 점에서 영웅 중심 서사를 전제하고 있는 것 같습니다. 하지만 분위기는 크게 다릅니다. 첫 번째 그림은 매우 정제되고 장엄하며 실내에서 거행되는 대관식으로 보이는데, 두 번째 그림은 병자들이 널브러진 어두운 공간에서 나폴레옹이 그들 사이를 걷고 있습니다.

첫 번째 그림은 권력의 공식화와 미화를, 두 번째 그림은 영웅의 도덕적 이상화 혹은 선전이 목적인 듯합니다. 따라서 두 그림은

자크루이 다비드, 〈나폴레옹 1세의 대관식〉

앙투앙 장 그로, 〈자파의 페스트 환자를 방문하는 나폴레옹〉

모두 나폴레옹을 중심으로 한 역사화를 즈구하지만, 하나는 정치적 권위, 하나는 윤리적 영웅성을 강조하고 있다는 점에서 차이가 있습니다.”

이 학생은 미술에 대한 지식은 부족할지 몰라도 인문학적 소양이 부족하지는 않다. 그림을 즐겨 보지 않았을 뿐, 인문학적 소양은 바탕이 되어 있는 학생이라는 걸 알 수 있다. 서울대학교 의과대학 교수님들은 이 답변을 통해 면접자가 시대성과 권력 구조, 인간의 윤리적 얼굴을 모두 비추는 인문학적 소양을 갖추었다는 느낌을 받았을 것이다.

✚ 두 그림을 본 적이 있고 배경 지식까지 알았던 경우

“두그림은 프랑스 나폴레옹 제국의 정치적 상징 조형물이라 할 수 있습니다. 다비드의 그림은 나폴레옹이 스스로의 권위를 성스럽게 정당화하는 장면인데, 기독교적 왕권 계승 의식과 혁명 후 질서 재편을 동시에 담은 정치적 이미지입니다. 반면 그로의 그림은 이집트 원정 당시 전염병 현장을 찾은 나폴레옹을 묘사한 것으로 당시 프랑스 내의 전쟁 실패에 대한 여론을 반전시키기 위해 도덕적 영웅의 이미지를 강화하려는 목적이 강합니다. 둘 다 사실을 그대로 묘사했다기보다는 의도된 상징화와 연출의 산물로 나폴레옹의 통치 정당성과 신화화를 위한 시각 전략이라는 공통점이 있습니다. 하지만 한쪽은 권력을 신으로부터 부여받는 황제의 이미지로, 다른 한쪽은 국민을 위해 헌신하는 지도자의 이미지로 부각했다는 점에서 정치적 상징의 방향성에 차이가 있습니다.

결국 두 작품 모두 예술을 통한 권력 이미지 형성의 사례로 시대를 통합하려는 정치적 의도가 강하게 반영되어 있다고 생각합니다."

전체적으로 학문적이고 분석적이다. 그런데 첫 번째 답변처럼 인간미나 따뜻함은 보이지 않는다. 두 번째 답변은 논술고사라면 만점을 받을 만한 답변이지만, MMI에선 1번 같은 답안이 교수님들 마음에 더 남을 수 있다.

두 학생 모두 배경지식의 깊이는 다르지만 자신의 생각을 논리적이고 다층적으로 전달한다는 공통점이 있다. 이는 지원자의 분석적 사고력, 배경지식 활용 능력, 그리고 관점의 유연성을 보여주는 지표가 된다.

다시 말해, MMI에서 제시되는 윤리적 딜레마 및 상황 판단 문제 등에는 대부분 명확한 정답이 없다. 중요한 것은 질문의 핵심 의도를 파악하고, 이와 관련된 다양한 가치와 이해관계를 고려하며, 자신만의 논리 근거를 바탕으로 설득력 있고 진솔하게 답변을 구성해 나가는 과정이다. 질문에서 지시되는 다양한 자료가 생소하고 낯설더라도 폭넓은 독서 경험을 갖고 있다면 그러한 배경지식을 바탕으로 질문 의도에 맞는 적절한 답변을 충분히 내놓을 수 있다.

MMI는 얼마나 많은 배경지식을 갖고 있느냐를 테스트하는 시험이 아니라, 지원자가 자신이 가진 인문학적 소양을 얼마나 논리적으로 구성하고 활용할 수 있는지, 인간과 세상에 대해 얼마나 유연한 관점을 가지고 있는지 확인하기 위한 시험이기 때문이다.

MMI에서 요구하는 인문학적 소양을 갖추기 위해서는 무엇보다 독서력이 중요하다. 평소에 다양한 분야의 책을 두루 읽고 그에 대한 자신의 생각을 정리해 두는 게 MMI를 대비하는 최고의 실전 대비법이다.

합격생은
이렇게 답변한다

MMI는 얼마나 말을 잘 하는지가 합격 불합격의 기준이 아니다. 면접관에게 어떤 모습으로 기억되는지가 합격과 불합격을 가른다. 그렇다면 어떤 태도를 보여주면 좋을까?

✚ 【1】 이타심과 과정 중시의 태도

합격생들은 이기적이거나 자신만의 이익을 추구하는 답변을 지양한다. 결과만큼이나 문제 해결 과정의 공정성과 윤리성을 중시하는 태도를 보인다.

✚【2】공감 능력과 사회문제에 대한 관심 표현

자신만의 세계에 갇히기보다는 타인의 감정과 상황에 깊이 공감하며('역지사지'), 다양한 사회문제와 사람들에 대한 폭넓은 관심을 드러낸다.

✚【3】진정성 있는 지원 동기와 자신감

의학 분야에 대한 뚜렷하고 진솔한 지원 동기를 보여주며, 의사가 되려는 이유에 대한 깊은 성찰을 바탕으로 자신감 있는 태도를 유지한다. 다른 분야에 대한 관심이 더 커 보이는 모습은 지양한다.

✚【4】효과적이고 상호작용적 의사소통

일방적으로 준비한 내용을 암기해 발표하는 '리사이틀' 형식이 아니라, 면접관의 질문 의도를 정확히 파악하고 눈을 맞추며 대화하듯 자연스럽게 소통하는 능력을 보여준다. 답변은 논리적 일관성을 유지하며, 횡설수설하지 않고 핵심을 명확히 전달한다. 시간 관리 능력 또한 중요하다.

✚【5】책임감 있는 문제 해결 자세

정답이 없는 질문을 받았더라도 회피하거나 모호한 태도를 보이기보다 자신이 내릴 수 있는 최선의 판단을 제시하고, 그에 따르는 책임을 기꺼이 감수하려는 성숙한 자세를 보인다.

✚ 【6】균형 잡힌 지적 소양과 유연한 사고

수학이나 과학 지식뿐만 아니라 인문학, 사회학 등 다방면에 걸친 폭넓은 독서와 경험을 바탕으로 균형 잡힌 시각과 유연한 사고를 드러낸다. 단순히 이과적 지식에만 매몰된 모습은 지양한다.

✚ 【7】원만한 대인 관계 능력

과거 경험에 대해 답변할 때는 타인과 관계 맺음에 큰 어려움이 없었음을 간접적으로 보여주며, 미래 의료팀의 일원으로 원만하게 협력할 수 있는 자질을 어필한다.

✚ 【8】정직함과 신중함

잘 모르는 내용에 대해 아는 척하거나 꾸며내기보다 솔직하게 인정하고 배우려는 자세를 보인다. 특히 면접 초반에 잘 모르는 내용을 섣불리 꺼내면 부정적인 인상을 줄 수 있으므로 신중해야 한다.

　MMI는 단순히 지식이 많거나 말을 유창하게 하는 학생을 선발하는 시험이 아니다. MMI는 미래의 의료인으로서 환자와 동료, 그리고 사회 전체에 긍정적인 영향을 미칠 수 있는 올바른 인성과 가치관, 공감 능력, 소통 능력, 그리고 끊임없이 성찰하고 발전하려는 잠재력을 가진 인재를 찾으려는 정교한 평가 과정이라는 점을 이해해야 한다. 이런 인재가 되려면 선천적으로 좋은 인성과 소통 능력을 타고나거나 독서를 통해 후천적으로 습득해야 한다.

하지 말아야 할 답변, 피해야 할 태도

서울대학교 의과대학 MMI는 엄격함과 심층적인 평가 방식으로 정평이 나 있다. 서울대학교 의과대학 MMI는 단순히 지원자의 지식측정을 넘어, 미래 의료인으로서 갖추어야 할 다면적인 자질, 인성, 그리고 가치관을 꿰뚫어 보려는 치열한 탐색의 장이다. 이처럼 까다로운 평가의 이면에는 빛나는 잠재력을 가진 인재를 발굴하려는 노력과 함께 의사로서 부적합하다고 판단되는 특정 유형의 지원자를 가려내려는 단호한 의지가 숨어 있다. 서울대학교 의과대학 교수들이 직접 언급한 내용을 바탕으로, 그들이 면접장에서 마주하고 싶지 않은 8가지 지원자 유형을 살펴본다.

첫째, 오직 자신의 이익만을 좇는 이기적인 태도를 지닌 지원자다. 타인의 고통에 대한 깊은 이해와 헌신이 요구되는 의료 현장에서 자신만의 성취와 이익을 최우선으로 여기는 모습은 의사의 기본 소양과 정면으로 배치된다.

둘째, 과정의 가치를 무시하고 결과에만 집착하는 지원자다. 의학적 진단과 치료, 그리고 환자와의 관계 형성은 수많은 고민과 노력의 과정 그 자체다. 이러한 과정을 경시하고 단편적인 성과만을 중시하는 태도는 장기적인 안목과 신중함이 필요한 의사에게 적합하지 않다.

셋째, 자기만의 세계에 갇혀 타인과의 소통을 등한시하는 지원자다. 환자의 미묘한 감정 변화를 읽어내고, 동료 의료진과 긴밀하게 협력해야 하는 의사가 자신만의 생각에 빠져 있거나 일방적인 소통 방식을 고수하는 것은 치명적인 결함이다.

넷째, 인간과 사회에 대한 폭넓은 이해 없이 수학과 과학 지식에만 매몰된 지원자다. 의학은 첨단 과학 지식을 기반으로 하지만, 그 본질은 결국 인간을 향해야 한다. 과학적 탐구 능력만큼이나 인문학적 소양과 사회에 대한 따뜻한 시선이 결여된 경우, 기계적인 의료인으로 전락할 위험이 있다.

다섯째, 의학 분야에 대한 뚜렷한 소명 의식 없이, 다른 분야에 더 큰 관심과 미련을 두는 듯한 인상을 주는 지원자다. 험난하고 지난한 수련 과정과 막중한 책임감을 감당하기 위해서는 의학에 대한 확고한 동기와 열정이 필수적이다.

여섯째, 자신감이 현저히 부족하여 우유부단하거나 소극적인 태도를 보이는 지원자다. 위급한 상황에서 신속하고 정확한 판단을 내려야 하며, 환자와 보호자에게 신뢰를 주어야 하는 의사에게 스스로에 대한 믿음과 전문성에 대한 확신은 매우 중요하다.

일곱째, 타인의 입장에서 생각하고 느끼는 역지사지의 마음, 즉 공감 능력이 현저히 부족한 지원자다. 환자의 아픔과 불안을 진심으로 헤아리고, 그들의 눈높이에서 소통하려는 노력 없이는 진정한 치유 관계를 형성하기 어렵다.

마지막으로, 지나치게 '자유로운 영혼'을 가진, 즉 조직의 규율이나 엄격한 의료 시스템에 적응하기 어려워 보이는 지원자다. 의학의 길은 개인의 창의성도 중요하지만 그에 앞서 고도의 훈련, 팀워크, 그리고 때로는 개인의 자유를 일정 부분 희생해야 하는 헌신과 책임감을 요구하기 때문이다.

이처럼 서울대학교 의과대학 MMI에서 지원자는 자신이 가진 잠재력과 준비된 역량을 적극적으로 어필하는 동시에, 미래의 의료인으로서 부적합하다고 여겨질 수 있는 특정 성향이나 태도를 드러내지 않는 것 또한 매우 중요하다. 인성과 자질을 중시하는 〈히포크라테스 선서〉의 정신은, 첨단 의학 시대를 살아갈 미래 의사를 선발하는 과정에서도 여전히 냉철한 기준으로 작동하고 있는 것이다. 서울대학교 의과대학만 그럴까? 절대 그렇지 않다. 모든 의대가 마찬가지다.

피상적인 답변 암기가 아닌, 근본적인 독서 경험이 중요하다

의과대학 입시에서 MMI의 중요성은 날로 커지고 있다. 수능 만점이나 전 과목 1등급을 받고도 MMI에서 고배를 마시는 경우가 생길 만큼 MMI는 의대 합격의 마지막 관문이자 핵심 변수로 자리 잡았다. 많은 수험생과 학부모들이 MMI 대비에 열중하지만, 시중에 나와 있는 기출문제 해설집만으로는 MMI의 본질을 꿰뚫기 어렵다. 왜냐하면 MMI는 단순히 정해진 답을 맞히는 시험이 아니기 때문이다.

MMI의 본질은 지원자가 가진 생각의 깊이, 공감 능력, 소통 능력, 윤리적 판단력 등 의사로서 필요한 자질을 다각적으로 평가하는 데 있다. 그리고 이러한 역량을 기르는 데 가장 효과적이고 근본적인 훈련 방법은 바로 독서다. MMI 면접의 본질은 독서력이고, 평소 독서를 많이 하고 이를 바탕으로 토론을 많이 한 학생이 절대적으로 유리한 시험이 바로 MMI다. 그렇다면 독서는 구체적으로 MMI를 대비하는 데 어떤 도움을 줄까?

✚ 【1】 사고의 확장과 깊이
: 낯선 질문에도 당황하지 않는 힘

MMI는 지원자가 평소 깊이 생각해 보지 않았거나 접해보지 못한 낯선 주제나 상황을 제시하는 경우가 많다. 윤리적 딜레마, 사회적 이슈, 의료 시사, 심지어 그림이나 통계 자료 해석 등 그 범위는 매우 넓다. 독서는 이러한 다양한 주제에 대한 간접 경험과 배경지식을 쌓게 해주는 가장 좋은 방법이다. 다양한 분야의 책을 읽음으로써 세상을 바라보는 시야가 넓어지고, 복잡한 문제에 대해 깊이 있게 생각하는 힘을 기를 수 있다. 이는 짧은 시간 안에 자신의 생각을 논리적으로 정리하여 답변해야 하는 MMI 상황에서 당황하지 않고 침착하게 대처할 수 있는 밑거름이 된다.

✚ 【2】비판적 사고력과 논리적 추론 능력
: 설득력 있는 답변의 기초

MMI는 정답 없는 질문을 통해 지원자의 사고 과정과 논리적 판단력을 평가한다. 단순히 자신의 주장을 내세우는 것이 아니라, 제시된 상황을 다각적으로 분석하고 자신의 주장을 뒷받침하는 타당한 근거를 제시하며, 예상되는 반론까지 고려하는 비판적 사고력이 필요하다. 독서, 특히 인문, 사회, 과학, 철학 분야의 양서를 읽는 과정은 자연스럽게 비판적 사고력을 훈련시킨다. 저자의 주장을 파악하고, 근거의 타당성을 평가하며, 자신의 생각과 비교·분석하는 과정을 통해 논리적으로 사고하고 추론하는 능력이 향상된다. 이는 MMI에서 자신의 생각을 명확하고 설득력 있게 전달하는 데 결정적인 역할을 한다.

✚ 【3】공감 능력과 인간 이해
: 의사의 가장 중요한 덕목

의사는 질병뿐만 아니라 질병을 앓는 '사람'을 대하는 직업이다. 따라서 타인의 아픔과 감정을 이해하고 함께 나누는 공감 능력은 의사에게 필수 자질이다. MMI는 역할극, 상황 면접 등을 통해 지원자의 공감 능력을 집중적으로 평가한다. 문학 작품은 공감 능력을 기르는 최고의 교과서다. 우리는 소설이나 에세이 속 다양한 인물들의 삶과 고뇌, 기쁨과 슬픔을 따라가며 인간의 복잡한 내면을 이해하고, 타인의 입장에서 생각하는 '역지사지'의 마음을 배운다. 특히 한강 작가의 『회복하는 인간』이나 『흰』과 같은 작품은 인간 고통의 근원을 깊이 성찰하게 하며, 요아힘 바우어의 『공감하는 유전자』는 공감이 인간의 생물학적 본성임을 알려준다.

이러한 독서 경험은 MMI 상황에서 환자나 동료의 입장을 깊이 이해하고 진정성 있는 태도로 소통하는 데 큰 도움을 준다. 병원에서 환자를 접하기 어려운 고등학생들은 환자나 의사가 등장하는 책을 읽으면서 미리 의사가 되어보는 시뮬레이션을 돌릴 수 있는 것이다. 이처럼 MMI의 본질은 독서력이고 합격의 열쇠다. 즉 독서는 MMI의 비밀병기다.

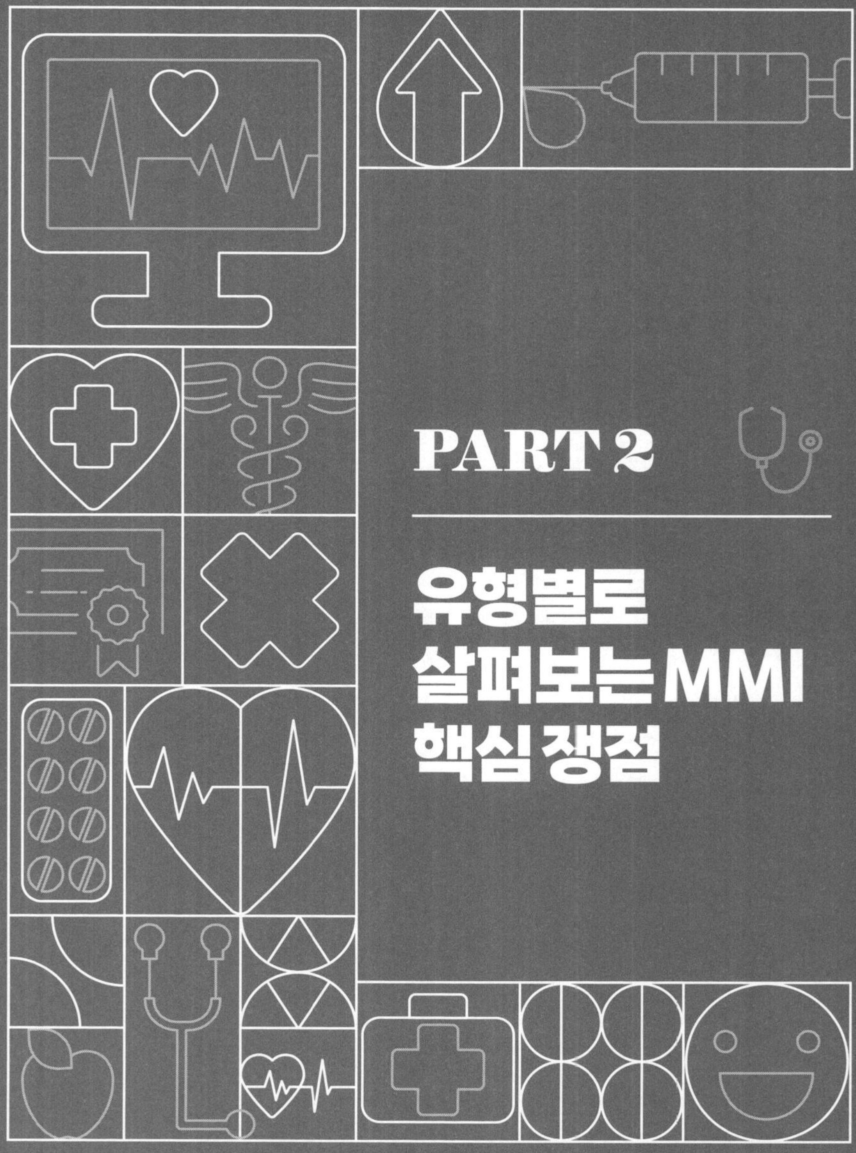

PART 2

유형별로 살펴보는 MMI 핵심 쟁점

CHAPTER 1

윤리적 딜레마

BOOK.1

의사의 딜레마

조지 버나드 쇼 | 좋은 땅

제한된 의료자원, 어떻게 분배해야 할까?

조지 버나드 쇼의 희곡 『의사의 딜레마』는 1906년에 처음 상연된 작품으로, 제한된 의료자원과 의사의 직업윤리 사이에서 발생하는 도덕적 딜레마를 예리하게 파헤친 작품이다. 쇼는 이 작품과 서문을 통해 당시 영국 의료계의 문제점, 의료의 상업화, 의사의 미덕과 고충 등 광범위한 주제를 다루면서 사회 비판적인 시각을 드러낸다. 사회주의자였던 쇼는 이 작품을 통해 의료 행위가 기술적 문제일 뿐 아니라 복잡한 윤리적 선택의 문제임을 보여준다.

『의사의 딜레마』는 최근 기사 작위를 받은 의사 콜렌소 리전 경이 결핵에 대한 혁명적인 신약을 개발하면서 시작된다. 그러나 그의 진료소는 한번에 열 명의 환자만 치료할 수 있다. 이미 아홉 명의 환자를 선택한 리전 경 앞에 아름다운 여성 제니퍼 두베댓이 나타난다. 그녀는, 재능은 뛰어나지만 도덕적으로는 문제가 많은 예술가 남편 루이스 두베댓을 살려달라고 간청한다. 동시에 리전 경의 가난하지만 성실한 동료 의사 블렌킨숍 또한 결핵으로 죽어가고 있어 치료가 절실한 상황이다. 리전 경은 두 사람 중 단 한 명만 살릴 수 있는 잔인한 선택의 기로에 놓인다. 결국 그는 도덕적으로 더 가치 있다고 판단되는 동료 의사를 살리기로 결정하고, 루이스 두베댓은 죽음을 맞이한다.

이 작품은 의료 윤리, 특히 한정된 자원 아래에서 환자 선택의 문제, 의사의 사회적 책임, 그리고 개인의 가치와 사회 기여도에 대한 평가 등 복잡한 질문을 던진다. 쇼는 서문에서 의료계의 상업화, 생체 실험 문제, 심지어 백신에 대한 회의적인 시각까지 드러내며 당시 의료 관행을 신랄하게 비판한다.

『의사의 딜레마』는 '환자의 생명을 연장하는 것이 항상 최선일까?'라는 근본적인 질문을 던진다. 작품 속 리전 경은 단순히 의학적 생존 가능성만을 고려하는 것이 아니라, 환자의 사회적 가치와 도덕성까지 저울질하며 생명 연장의 대상을 선택해야 하는 극한의 상황에 놓인다. 이는 생명 연장 기술이 발전함에 따라 의사들이 직면하게 되는 복잡한 윤리 문제를 극명하게 보여준다. 쇼는 생명을 무조건 연장하는 것이 항상 옳은 선택이 아닐 수 있음을 시사하면서 환자의 삶의 질, 사회적 기여 가능성, 그리고 개인의 도덕적 품성까지 고려하는 의사의 고뇌를 통해 생명 윤리의 다층적인 면모를 탐구한다.

이 책에서 제기하는 핵심 딜레마는 생명 연장이라는 의학적 목표와 삶의 질, 나아가 사회적 가치라는 더 넓은 윤리적 척도 사이의 충돌이다. 리전 경은 예술적 재능은 뛰어나지만 사기꾼 기질이 다분한 루이스 두베댓과, 평범하지만 선량하고 헌신적인 의사 블렌킨솝 사이에서 누구의 생명이 더 가치 있는지 판단해야 한다. 이는 의사가 단순히 생명을 기계적으로 연장하는 기술자가 아니라, 때로는 한 인간의 삶의 총체적인 가치를 평가하고 어려운 결정을 내려야 하는 윤리적 주체임을 강조한다.

쇼는 이러한 딜레마를 통해 생명의 절대적 가치와 상대적 가치에 대한 깊은 성찰을 요구하며, 한정된 의료자원이라는 현실의 제약 속에서 의사가 겪는 윤리적 부담감을 현실적으로 묘사한다. 결국 이 작품은 생명 연장이 단순한 의학적 성공을 넘어, 그 생명이 어떤 의미와 가치를 지니는지에 대한 철학적 질문과 맞닿아 있음을 보여준다.

쇼의 작품은 당시 의료계에 대한 신랄한 비판을 담고 있어 논란의 대상이 되기도 했다. 특히 백신에 반대하는 시각이나 의사들의 이기심에 대한 극단적인 묘사는 현대적 관점에서 비판의 여지가 충분하다. 또한 루이스 두베댓이 죽음을 맞이하는 묘사에 대해 일부 평론가들은 쇼가 죽음을 정면으로 다루는 데 실패했다고 비판하기도 했으며, 작가 자신도 이에 동의했다는 기록이 있다. 작품 속 딜레마 설정 자체가 다소 인위적이라는 평가도 존재한다.

『의사의 딜레마』는 20세기 초의 작품임에도 불구하고 현대 의료 현장에서 여전히 유효한 윤리적 질문들을 던진다. 제한된 의료자원의 분배, 연명 치료의 의미, 환자의 삶의 질과 존엄성 존중 등은 오늘날 의사들이 끊임없이 고민하는 문제다. 이 책은 의사들에게 의학적 판단뿐만 아니라 인간과 사회에 대한 깊이 있는 이해와 윤리적 성찰이 필요함을 강조한다.

생명 연장이 항상 최선이 아닐 수 있다는 쇼의 도발적인 문제 제기는, 의료 기술이 눈부시게 발전한 현대 사회에서 의사들이 환자의 전인적인 상태와 개인의 가치를 존중하는 진정한 의미의 환자 중심 의료를 실현하는 데 중요한 시사점을 제공한다.

MMI 쟁점과 분석

'제한된 의료자원 상황에서 의사는 어떤 기준으로 치료 우선순위를 결정해야 할까?'『의사의 딜레마』에서처럼 환자의 사회적 가치나 도덕성이 치료 결정에 고려 요소가 될 수 있을까? 이 문제는 의료 윤리의 핵심 딜레마 중 하나로, 다양한 관점에서 논의될 수 있다.

✚ 환자의 사회적 가치와 도덕성 고려에 대한 찬성 논거 (제한적 상황 또는 특정 관점)

- **공리주의적 관점과 사회 전체의 이익:** 극단적인 자원 부족 상황에서는 한정된 자원으로 최대 다수의 최대 행복 또는 사회 전체의 효용을 극대화하는 선택이 불가피하게 제기될 수 있다. 『의사의 딜레마』에서 리전 경이 예술가 루이스 두베댓의 도덕적 결함과 동료 의사 블렌킨숍의 성실성을 비교하며 고민하는 것은, 이러한 공리주의적 고민의 단면을 보여준다. 사회에 더 큰 기여를 할 잠재력이 있거나, 반대로 명백하게 사회에 해악을 끼치는 인물을 비교 선택하는 것은 이론적으로 가능하다.

  - **자원의 효율적 배분이라는 현실적 측면:** 모든 생명을 동등하게 다

루어야 하지만, 생존 가능성이 희박한 환자에게 막대한 자원을 투입하는 것보다 회복 가능성이 높은 다른 환자에게 기회를 주는 것이 더 합리적이라는 주장이 나올 수 있다. 이때 환자의 '사회적 가치'가 직접적 기준은 아니더라도 재활 의지나 치료 후 사회 복귀 가능성 등이 간접적으로 고려될 여지가 아주 없다고는 할 수 없다.

- **의사의 인간적 고뇌와 복합적 판단:** 쇼의 작품 속 리전 경처럼, 의사도 완벽한 기계가 아니기에 때로는 환자의 인품이나 삶의 태도 등 비의학적 요소에 영향을 받을 수 있음을 인정해야 한다는 시각도 존재한다. 물론 이것이 치료의 우선순위를 결정하는 명시적 기준이 되어서는 안 되지만, 인간적으로는 고민할 수 있는 부분이다.

✚ 환자의 사회적 가치와 도덕성 고려에 대한 반대 논거 (현대 의료 윤리의 보편 원칙)

- **생명의 절대적 가치와 의료 평등의 원칙:** 현대 의료 윤리의 가장 근본적인 원칙은 모든 인간의 생명은 그 자체로 존엄하며 사회 지위, 경제력, 도덕성, 사회 기여도 등 외부 요인으로 차별받아서는 안 된다는 것이다. 의사는 오직 의학적 필요성과 긴급성에 따라 환자를 대해야 한다.

- **의사의 역할과 전문성의 한계**: 의사의 본분은 질병을 진단하고 치료하는 것이지, 환자의 사회적 가치나 도덕성을 심판하는 것이 아니다. 인간에 대한 가치 판단은 의사의 전문 영역을 넘어서는 월권행위이며, 매우 주관적이고 자의적인 판단으로 이어져 심각한 윤리 문제를 야기할 수 있다.

- **사회적 차별 및 불평등 심화 우려**: 만약 환자의 사회적 가치나 도덕성을 치료 결정의 기준으로 삼는다면 사회적 약자, 소수자, 또는 비주류 가치관을 가진 사람들이 의료 서비스에서 배제될 위험이 매우 크다. 이는 의료 접근성의 불평등을 심화하고 사회적 낙인을 강화할 수 있다.

- **기준의 모호성과 남용 가능성**: '사회적 가치'나 '도덕성'이라는 기준 자체가 매우 추상적이고 모호하며, 이는 시대와 문화, 개인의 가치관에 따라 다르게 해석될 수 있다. 이러한 불명확한 기준은 권력이나 특정 집단의 이익에 따라 남용될 가능성을 내포한다. 『의사의 딜레마』에서 리전 경의 판단 또한 전적으로 객관적이고 공정했는지에 대한 비판적 검토가 가능하다.

- **신뢰 관계 훼손**: 의사가 비의학적 기준으로 환자를 판단하고 차별한다면 의사와 환자 간의 신뢰 관계는 심각하게 훼손될 수밖에 없다. 환자는 의사가 자신을 공정하게 대할 것이라는 믿음을 잃게 될 것이다.

제한된 의료자원 분배는 의사에게 매우 어려운 윤리적 질문입니다. 저는 『의사의 딜레마』를 통해 이 문제에 대한 제 생각을 말씀드리겠습니다.

이 작품은 한정된 신약으로 도덕적 결함이 있는 천재 예술가와 성실한 동료 의사 중 누구를 살릴지 고뇌하는 의사의 모습을 그립니다. 이를 통해 환자의 사회적 가치를 치료 결정에 반영할 수 있는지 묻고 있습니다.

저는 치료 우선순위의 가장 중요한 기준은 의학적 긴급성과 치료를 통한 회복 가능성이어야 한다고 생각합니다. 모든 생명은 동등하게 존엄합니다. 따라서 환자의 사회적 가치나 도덕성을 기준으로 생명의 경중을 나누는 것은 의사의 역할을 벗어나며, 주관적 판단에 따른 차별의 위험이 매우 크다고 생각합니다. 이는 현대 의료 윤리의 기본 원칙과도 맞닿아 있습니다.

물론 쇼의 작품에서처럼 자원이 극도로 부족한 상황에서는 선택이 어려울 수도 있습니다. 하지만 그런 상황이라 하더라도 의사의 자의적인 가치 판단보다는 의학적 필요성, 생존 가능성 등 좀 더 객관적이고 공인된 기준에 따라 투명한 절차를 통해 우선순위를 결정하는 것이 옳다고 생각합니다.

『의사의 딜레마』는 이러한 윤리적 고민의 중요성을 끝없이 상기시킵니다. 저는 어떠한 상황에서도 환자의 생명을 동등하게 존중하며, 의학적 원칙과 양심에 따라 최선의 결정을 내리기 위해 노력하겠습니다.

존엄한 죽음에 대한 결정권을 찾아서

소설가이자 칼럼니스트 신아연의 『스위스 안락사 현장에 다녀왔습니다』는 스위스에서 조력 자살을 선택한 말기 암 환자와 저자의 4박 5일간 동행을 기록한 책이다. 이 책은 죽음을 선택한 개인의 내밀한 여정과 그 과정을 지켜보는 저자의 복잡한 심경을 섬세하게 그려내면서 한국 사회에 존엄한 죽음과 연명의료 결정권에 대한 깊은 성찰과 논의를 촉발한다.

어느 날 저자는 일면식 없는 독자에게 스위스 조력 자살 여정에 동행하여 자신의 마지막 순간을 기록해 달라는 간절한 부탁을 받는다. 말기 암으로 극심한 고통을 겪던 그는 스위스의 조력 자살 기관을 통해 스스로 생을 마감하기로 결정한 상태였다. 저자는 처음에는 그의 마음을 돌려보려 했으나, 결국 그의 확고한 의지를 꺾지 못하고 스위스행 비행기에 오른다.

책은 스위스로 떠나기 전 두 사람이 죽음과 삶에 대해 나눈 깊은 인문학적 대화, 죽음을 앞둔 이의 공포와 두려움, 그리고 그 죽음을 간접적으로 체험하는 저자의 무력감과 혼란을 생생하게 담아낸다.

스위스에서 보낸 짧은 여정 동안 저자는 환자가 겪는 육체적, 정신적 고통과 함께 존엄한 죽음에 대한 열망을 가까이에서 목격한다. 흥미롭게도 저자는 이 특별한 경험 이후 기독교인이 되었으며, 생명의 주인은 인간이 아니므로 태어나는 것도 죽는 것도 인간이 선택할 수 없다는 입장으로 선회한다.

그럼에도 이 책은 조력 자살이라는 민감한 주제를 정면으로 다루면서 독자들에게 삶과 죽음의 의미, 그리고 존엄한 마무리에 대한 근본적인 질문을 던진다. '존엄한 죽음을 위한 결정은 누가 내려야 할까?'라는 질문에 대해 저자는 명확한 해답을 제시하기보다는 결정 과정의 복잡성과 다양한 윤리적·감정적 차원을 심층적으로 보여준다.

이 책은 스위스 조력 자살을 선택한 한 개인의 사례를 통해,

환자의 자기 결정권이 존엄한 죽음을 논의하는 데 핵심적인 요소임을 분명히 드러낸다. 환자는 극심한 고통으로부터 벗어나 스스로 삶을 마무리할 권리가 자신에게 있다고 믿으며 실행에 옮긴다. 이는 환자의 자율성을 최우선으로 고려해야 한다는 입장을 강력하게 대변한다.

그러나 저자는 이 경험을 통해 오히려 생명에 대한 경외심을 느끼고 종교에 귀의하면서, 생명 주권이 개인에게 있는가에 대한 근본적인 회의를 드러낸다. 존엄한 죽음에 대한 결정이 단순히 개인의 선택 문제를 넘어 더 큰 생명 윤리적, 철학적, 그리고 종교적 관점과 충돌할 수 있음을 시사한다.

이 책은 스위스의 조력 자살 제도를 소개하면서도 그 과정이 결코 가볍거나 단순하지 않음을 보여준다. 환자는 자신의 의사를 명확히 하고 여러 단계를 거쳐 자신의 선택을 확인받아야 한다. 이는 존엄한 죽음의 결정 과정이 개인의 의사뿐만 아니라 사회적, 제도적 장치의 중요성을 함께 고려해야 함을 의미한다.

가족의 역할 또한 암묵적으로 드러나는데, 동행을 요청받은 저자 역시 일종의 임시 가족 혹은 지지자 역할을 수행하며 환자의 마지막을 함께한다. 이는 존엄한 죽음의 결정과 과정에서 환자 주변인들의 정서적 지지와 이해가 얼마나 중요한지를 보여준다.

　궁극적으로 이 책은 존엄한 죽음에 대한 결정권이 누구에게 귀속되어야 하는가에 대한 질문에 직접적인 답을 제시하기보다는 그 결정이 내려지기까지 고려되어야 할 수많은 개인적, 사회적, 윤리적 요소를 독자 스스로 성찰하게 만드는 방식으로 질문에 답하고 있다.

　하지만 저자 자신이 조력 자살 현장을 경험한 후 오히려 생명에 대한 종교적 관점을 갖게 되었다는 점은, 책의 논지를 다소 복잡하게 만들 수 있다. 일부 독자들은 조력 자살이라는 주제를 다루면서 궁극적으로는 종교적 메시지나 생명 존중 사상을 강조하는 듯한 인상을 받을 수 있으며, 이는 조력 자살에 대한 중립적이거나 찬성하는 입장을 기대했던 독자들에게는 다소 의외로 받아들여질 수 있다. 또한 책 제목과 달리 스위스 안락사 제도 자체에 대한 심층 분석이나 다양한 사례 비교보다는 저자의 개인 경험과 감정 변화에 더 초점이 맞춰져 있다는 비판도 받을 수 있다.

　『스위스 안락사 현장에 다녀왔습니다』는 존엄한 죽음과 연명 의료 거부라는 매우 민감하고 중요한 주제를 개인의 생생한 경험을 통해 독자들에게 전달하는 책이다. 비록 저자 개인의 신념 변화가 담겨 있지만, 이 책은 의사들에게 환자의 자기 결정권 존중의 중요성과 함께, 죽음을 앞둔 환자가 겪는 육체적·정신적 고통의 깊이를 다시 한번 생각하게 한다. 또한 연명의료 중단이나 조력 자살과 같은 어려운 윤리 문제에 직면했을 때, 의료진이 환자 및 그 가족과 어떻게 소통하고 그들의 결정을 지지 또는 중재해야 하는지에 대한 깊은 고민을 안겨준다.

이 책은 의료 현장에서 존엄한 죽음에 대한 논의를 활성화하고, 관련 법제도 및 사회적 합의를 모색하는 데 중요한 참고 자료가 될 수 있다.

MMI 쟁점과 분석

'존엄한 죽음을 위한 결정, 누가 내려야 할까?' 『스위스 안락사 현장에 다녀왔습니다』는 이 질문에 대해 단일한 해답보다는 결정 과정의 복잡성과 다양한 윤리적·감정적 차원을 심층적으로 보여준다. 이 쟁점을 분석하기 위해서는 결정 과정에 참여할 수 있는 여러 주체와 그 근거를 살펴보아야 한다.

✚ 환자 본인

가장 핵심적인 주체는 환자 자신이다. 자기 결정권의 원칙에 따라 자신의 삶과 죽음에 대한 결정은 근본적으로 개인에게 있다는 관점이다. 책에서도 스위스 조력 자살을 선택한 개인의 사례를 통해 환자의 자기 결정권이 존엄한 죽음을 논의하는 데 핵심 요소임을 분명히 드러낸다. 환자는 극심한 고통에서 벗어나 스스로 삶을 마무리할 권리가 자신에게 있다고 믿으며 이를 실행에 옮긴다. 이는 환자의 자율성을 최우선으로 고려해야 한다는 입장을 강력하게 대변한다.

✚ 가족

가족은 환자의 가장 가까운 지지자이자 고통을 함께 나누는 존재로서 결정 과정에 중요한 역할을 할 수 있다. 책에서도 동행을 요청받은 저자가 일종의 임시 가족 혹은 지지자 역할을 수행하며, 이는 존엄한 죽음의 결정과 과정에서 환자 주변인들의 정서적 지지와 이해가 얼마나 중요한지를 보여준다. 환자가 의사를 표현할 수 없는 경우, 가족은 환자의 가치관이나 평소 생각을 바탕으로 추정하여 대리 결정을 내리기도 한다. 그러나 가족 간의 의견 충돌이 발생하거나 환자의 진정한 의사와 다른 결정을 내릴 가능성도 고려해야 한다.

✚ 의료진

의료진은 환자의 상태를 가장 잘 아는 전문가로서 의학 정보를 제공하고, 환자의 고통을 경감하며, 윤리 지침 안에서 환자의 결정을 도울 책임이 있다. 이 책은 연명의료 중단이나 조력 자살과 같은 어려운 윤리 문제에 직면했을 때, 의료진이 환자 및 그 가족과 어떻게 소통하고 그들의 결정을 지지 또는 중재해야 하는지에 대한 깊은 고민을 안겨준다. 의료진의 판단은 중요하지만, 가치중립적인 입장에서 환자의 자율성을 침해하지 않도록 신중해야 한다.

✚ 사회 및 국가(제도적 장치)

사회와 국가는 생명 보호의 의무와 함께 개인의 존엄한 죽음에 대한 권리 사이에서 균형을 모색해야 한다. 이 책은 스위스의 조력 자살 제도를 소개하면서 그 과정이 결코 가볍거나 단순하지 않고 여러 단계를 거쳐 환자 본인의 의사를 확인받아야 함을 보여준다. 이는 존엄한 죽음을 결정하는 과정에서 개인의 의사뿐만 아니라 사회적, 제도적 장치의 중요성을 함께 고려해야 함을 의미한다. 따라서 법적·윤리적 기준 마련과 사회적 합의가 필수적이다.

책에서 저자가 조력 자살 현장을 경험한 후 오히려 생명에 대한 종교적 관점을 갖게 되면서 생명의 주권이 개인에게 있는가에 대한 근본적인 회의를 드러낸 것은, 이 결정이 단순히 개인의 선택 문제를 넘어 더 큰 생명 윤리적, 철학적, 종교적 관점과 충돌할 수 있음을 시사한다.

이 책은 존엄한 죽음에 대한 결정권이 누구에게 귀속되어야 하는가에 대한 직접적인 답보다 그 결정이 내려지기까지 고려되어야 할 수많은 개인적, 사회적, 윤리적 요소를 독자 스스로 성찰하게 만드는 방식으로 질문에 답하고 있다.

✚ MMI 모범 답안

존엄한 죽음의 결정 주체는 매우 중요한 윤리적 문제입니다. 『스위스 안락사 현장에 다녀왔습니다』는 이 문제에 깊은 성찰을 제공합니다. 이 책은 환자의 자기 결정권이 존엄한 죽음을 결정하는 핵심 요소임을 분명히 보여주고 있습니다. 환자가 극심한 고통 속에서 스스로 삶을 마무리하려는 의지가 명확하다면, 저는 그 의사가 최우선으로 존중되어야 한다고 생각합니다.

다만 이 책은 저자의 경험과 조력 자살 제도를 통해, 이 결정이 단순한 개인의 선택을 넘어 가족의 정서적 지지, 의료진의 윤리적 조력, 그리고 사회 합의와 제도 장치가 필요한 복잡한 과정임을 또한 시사합니다. 실제로 이 책에서 보여주고 있는 스위스의 조력 자살 과정은 여러 단계를 거쳐 신중하게 진행됩니다. 저자 자신이 이를 경험한 후 생명 주권에 대한 근본적인 회의를 갖게 되는 점도 존엄한 죽음에 이르는 과정이 얼마나 복잡한지 보여줍니다.

따라서 의료진은 환자의 자율성을 존중하면서도, 환자와 가족에게 충분한 정보를 제공하고 그들이 윤리적, 법적 테두리 안에서 최선의 결정을 내릴 수 있도록 지원하는 역할을 해야 합니다.

결론적으로, 존엄한 죽음에 대한 결정은 환자 본인의 의사를 중심으로 하되, 관련된 모든 주체와의 충분한 소통과 사회적, 제도적 지원이 함께 고려되는 다층적인 접근이 필요하다고 생각합니다.

BOOK.3

의료서비스 분배의 형평성

장동민 | 한국학술정보

제한된 의료자원과 분배의 정의

장동민 교수의 저서 『의료서비스 분배의 형평성』은 현대 사회에서 고령화와 의료기술 발전으로 더욱 중요해진 문제, 즉 제한된 의료자원의 공정하고 효율적인 분배 문제를 다루는 학술 서적이다. 이 책은 의료자원 분배의 다양한 윤리 원칙과 현실적인 딜레마를 심층적으로 분석하면서 의사와 정책 입안자들에게 필요한 이론 토대와 실천 지침을 제공한다.

이 책은 의료자원이 본질적으로 유한하다는 전제하에, 이를 어떻게 공정하고 효율적으로 배분할 것인가라는 핵심 질문에 답하고자 한다. 저자는 의료서비스 분배의 형평성에 대한 실질적 정의로 '동등한 의료 필요에 따른 동등한 접근성의 보장'을 채택하고 이를 기준으로 논의를 전개한다.

책에서는 의료자원 분배의 주요 원칙으로 효율성, 형평성, 그리고 우선순위 설정을 제시하며, 이러한 가치들이 실제 의료 현장에서 어떻게 충돌하고 조화를 이루어야 하는지를 다양한 사례를 통해 설명한다. 예를 들어, 중환자실 병상 배분, 장기 이식 순서 결정, 고가의 신약 접근성 문제 등은 환자의 생명과 직결되면서도 사회적 비용과 편익, 그리고 윤리적 정당성을 복합적으로 고려해야 하는 대표적인 분배 딜레마로 제시된다.

저자는 공리주의, 의무론, 도덕 윤리학 등 주요 윤리 이론들을 소개하고, 이러한 이론적 틀이 의료자원 분배 문제에 어떻게 적용될 수 있는지를 탐구한다. 또한 코로나19 팬데믹과 같은 실제 공중보건 위기 상황에서의 의료자원 분배 사례를 통해 실무적인 교훈과 정책적 시사점을 도출하고자 한다. 이 과정에서 의사는 개별 환자에 대한 최선의 진료 의무와 한정된 자원을 가진 사회 전체의 건강 증진이라는 더 넓은 책임 사이에서 어려운 윤리적 균형을 찾아야 함을 강조한다.

궁극적으로 이 책은 의료자원 분배 문제가 단순한 경제적 또는 기술적 문제를 넘어, 사회 정의와 인간 존엄성에 관한 근본적인 철학적 질문임을 일관되게 보여준다.

『의료서비스 분배의 형평성』은 '제한된 의료자원을 어떻게 공정하게 배분할 것인가?'라는 질문에 대해 '필요에 기반한 접근성 보장'이라는 핵심 원칙을 제시하며 다각적인 분석을 시도한다. 이 책은 의료자원 분배의 공정성을 확보하기 위한 기준으로 단순히 경제적 효율성만을 내세우는 것을 경계하고, 모든 사회 구성원이 자신의 건강 필요에 따라 적절한 의료서비스에 접근할 수 있어야 한다는 형평성의 가치를 강조한다. 이는 의료를 시장 상품이 아닌 기본적인 인권의 영역으로 간주하는 관점을 반영한다.

책에서 제시하는 공리주의적 접근(최대 다수의 최대 행복), 의무론적 접근(개인의 권리와 의무 존중), 그리고 능력이나 사회 기여도에 따른 분배 등 다양한 윤리적 프레임워크는 제한된 자원을 배분해야 하는 현실적인 상황에서 어떤 기준을 우선해야 할지에 대한 복잡한 고민을 드러낸다. 예를 들어, 응급 상황에서 한정된 중환자실 병상을 배분해야 할 때 생존 가능성이 높은 환자에게 우선권을 주어야 하는가(공리주의적 효율성), 아니면 먼저 온 순서대로 배분해야 하는가(절차적 공정성), 혹은 사회적으로 더 중요한 역할을 하는 사람에게 우선권을 주어야 하는가(사회 기여도 기반) 등의 첨예한 윤리적 딜레마가 발생할 수 있다.

장동민 교수는 이러한 다양한 기준이 어떻게 상호작용하고 때로는 충돌하는지 분석하며, 특정 상황과 사회 합의에 따라 적용 가능한 분배 원칙이 달라질 수 있음을 시사한다. 특히 코로나19 팬데믹 상황에서의 백신이나 치료제 분배 사례는 이러한 윤리적 고민이 얼마나 현실적이고 시급한 문제인지를 잘 보여준다.

결과적으로 이 책은 완벽하게 공정한 단일 해법은 존재하기 어렵다는 점을 인정하면서도 투명한 의사결정 과정, 사회적 합의 도출 노력, 그리고 가장 취약한 계층에 대한 우선 고려 등이 공정한 의료자원 분배를 위한 중요한 원칙이 되어야 함을 강조한다.

이 책에 다소 비판적 시각을 제시할 수도 있다. 의료 이용의 형평성 분석에서 급성질환 발생은 소득계층 간 차이가 없으나 만성질환은 저소득층에 다소 많고, 자기건강평가는 역진적이라는 결과는, 책에서 제시하는 '필요에 따른 동등한 접근성'이라는 이상적인 목표와 현실 사이의 간극을 보여주는 데이터로 해석할 수 있다. 이러한 현실적 불평등을 해소하기 위한 구체적인 정책 대안이나 자원 확보 방안에 대한 논의가 책에서 얼마나 심도 있게 다루어졌는지에 따라 평가가 달라질 수 있다.

이 책은 제한된 의료자원의 공정하고 윤리적인 배분이라는 현대 의료 시스템의 핵심 과제를 심도 있게 다룬 중요한 저작이다. 의사, 의료 정책 입안자, 그리고 일반 시민 모두에게 의료자원 분배 문제가 단순한 경제 논리를 넘어 사회 정의와 인간 존엄의 문제와 직결되어 있음을 일깨운다.

의사들은 임상 현장에서 개별 환자의 최선의 이익을 추구하는 동시에, 한정된 자원하에서 내려야 하는 어려운 윤리적 결정의 무게를 인식해야 한다. 이 책은 그러한 결정 과정에서 고려해야 할 다양한 윤리 원칙과 사회 가치들을 제시함으로써, 의료인들이 좀 더 공정하고 합리적인 판단을 내리는 데 도움을 줄 수 있다. 또한 의료 정책 결정 과정에 참여하는 이들에게는 형평성 있는 의료 시스템 구축을 위한 이론적 기반과 정책 방향성을 제공하는 중요한 참고 자료가 될 것이다.

MMI 쟁점과 분석

『의료서비스 분배의 형평성』은 한정된 중환자실 병상과 같은 의료자원을 배분해야 하는 응급 상황에서 의사는 어떤 윤리적 기준을 우선으로 고려하여 환자에게 치료 우선권을 부여해야 하는지에 대해 묻는다. 이 책은 이 첨예한 문제에 대해 다양한 윤리적 프레임워크를 제시하며 다각적인 분석을 시도한다. 의료자원이 본질적으로 유한하다는 전제하에, 이를 어떻게 공정하고 효율적으로 배분할 것인가가 이 책이 던지는 질문이다.

✚ 핵심 원칙: 필요에 기반한 동등한 접근성 보장

저자는 의료서비스 분배의 형평성에 대한 실질적 정의로 '동등한 의료 필요에 따른 동등한 접근성의 보장'을 채택한다. 이는 의료를 단순한 시장 상품이 아닌 기본적인 인권의 영역으로 간주하며, 모든 사회 구성원이 자신의 건강 필요에 따라 적절한 의료서비스에 접근할 수 있어야 한다는 형평성의 가치를 강조하는 것이다. 따라서 일차적으로는 의학적 필요도, 즉 환자의 상태가 얼마나 위중한가가 중요한 기준으로 작용해야 한다.

✚ 다양한 윤리적 프레임워크의 충돌과 조화

책에서는 실제 의료 현장에서 다양한 가치가 충돌하고 조화를 이루어야 함을 여러 사례를 통해 설명한다.

- **공리주의적 접근**: '최대 다수의 최대 행복'을 추구하는 원칙으로, 한정된 자원으로 더 많은 생명을 구하거나 치료 후 생존 기간이나 삶의 질이 더 높을 것으로 예상되는 환자에게 우선권을 부여하는 논리다. 책에서도 생존 가능성이 높은 환자에게 우선권을 주어야 하는가에 대한 딜레마를 언급한다.

- **의무론적 접근:** 결과보다는 개인의 권리와 의무, 절차적 공정성을 중시한다. 모든 환자는 치료받을 동등한 권리가 있으므로 선착순이나 추첨 같은 방식, 혹은 모든 환자에게 동등한 기회를 제공하려는 노력이 강조될 수 있다.

- **능력이나 사회 기여도 기반 분배:** 책에서 언급된 하나의 고려사항이지만, 이는 자칫 사회적 차별을 정당화할 수 있어 현대 의료 윤리에서는 비판받는 기준이기에 매우 신중하게 접근해야 한다.

✚ 현실적 딜레마와 해결을 위한 제언

장동민 교수는 이러한 다양한 기준이 어떻게 상호작용하고 때로는 충돌하는지 분석하며, 특정 상황과 사회 합의에 따라 적용 가능한 분배 원칙이 달라질 수 있음을 시사한다. 코로나19 팬데믹 상황에서 백신이나 치료제 분배 사례는 이러한 윤리적 고민이 얼마나 현실적이고 시급한 문제인지를 잘 보여준다.

이 책은 완벽하게 공정한 단일 해법은 존재하기 어렵다는 점을 인정하면서도 투명한 의사결정 과정, 사회적 합의 도출 노력, 그리고 가장 취약한 계층에 대한 우선 고려 등이 공정한 의료자원 분배를 위한 중요한 원칙이 되어야 함을 강조한다.

결국 의사는 개별 환자에 대한 최선의 진료 의무와 한정된 자원을 가진 사회 전체의 건강 증진이라는 더 넓은 책임 사이에서 어려운 윤리적 균형을 찾아야 하며, 이 문제는 단순한 경제적 또는 기술적 문제를 넘어 사회 정의와 인간 즌엄성에 관한 근본적인 철학적 질문임을 인식해야 한다.

한정된 의료자원, 특히 응급 상황에서 중환자실 병상 배분은 매우 어려운 윤리적 문제입니다. 『의료서비스 분배의 형평성』은 이러한 문제에 대해 깊이 있는 통찰과 중요한 지침을 제공한다고 생각합니다.

장동민 교수님은 이 책에서 의료를 기본적인 인권으로 보고 '필요에 기반한 동등한 접근성 보장'을 의료자원 분배의 핵심 원칙으로 제시하셨습니다. 저 또한 이 원칙에 깊이 공감하며, 중환자실 병상 배분 시 가장 우선해야 할 기준은 환자의 의학적 긴급성과 치료를 통한 생존 및 회복 가능성이 되어야 한다고 생각합니다.

물론 책에서 언급된 것처럼 공리주의적 관점에서 더 많은 생명을 살리거나 사회적 효용을 고려해야 한다는 주장도 있을 수 있습니다. 하지만 환자의 사회적 지위나 기여도로 생명의 우선순위를 정하는 것은 모든 생명은 동등하게 존엄하다는 의료의 기본 정신에 어긋날 수 있다고 생각합니다.

따라서 저는 의학적 판단을 최우선으로 하되, 결정 과정은 최대한 투명한 기준과 절차를 통해 이루어져야 하며, 가능하다면 사회 합의를 바탕으로 정립된 가이드라인을 따르는 것이 중요하다고 생각합니다.

미래 의료인으로서 저는 주어진 상황 안에서 가장 공정하고 윤리적인 결정을 내리기 위해 항상 고민하고 최선을 다하겠습니다.

백신의 위험 앞에 선 개인의 치료 결정권

미국의 변호사이자 환경운동가 로버트 F. 케네디 주니어의 『백신의 배신』은 미국의 오랜 공중 보건 정책, 특히 백신 정책과 관련된 논란을 정면으로 다루며, 제약 산업과 정부 기관 사이의 관계에 비판적인 시각을 보여주는 책이다. 저자는 이 책을 통해 백신의 안전성과 효능에 의문을 제기하고, 공중 보건 정책 결정 과정의 투명성과 개인의 건강 선택권의 중요성을 강조한다. 이 책은 출간 직후 베스트셀러에 오르며 큰 사회적 반향을 일으켰으나, 동시에 과학계에서는 그의 주장이 근거가 부족한 음모론이라며 강하게 비판하기도 했다.

『백신의 배신』에서 케네디 주니어는 앤서니 파우치를 비롯한 미국의 주요 공중 보건 책임자들이 수십 년간 제약회사의 이익을 대변하며 공중 보건을 희생시켜 왔다고 주장한다. 그는 코로나19 팬데믹 대응 과정뿐만 아니라 HIV, 지카, 에볼라 등 과거의 여러 팬데믹 상황에서도 유사한 패턴이 반복되었다고 지적하면서 백신의 안전성과 효능에 대한 공식 발표에 강한 의문을 제기한다. 저자는 특히 백신이 자폐증을 포함한 여러 건강 문제를 일으킬 수 있다는 주장을 펼치며, 이러한 위험성이 제대로 알려지지 않고 은폐되고 있다고 비판한다.

이 책은 제약회사의 막대한 로비와 영향력, 정부 규제 기관의 유착, 그리고 주류 언론의 침묵이 어떻게 공중 보건 정책을 왜곡하고 대중의 알 권리를 침해하는지 상세히 기술한다. 케네디 주니어는 독자들에게 과학적 권위에 대한 맹목적인 신뢰를 경계하고, 다양한 정보를 바탕으로 비판적인 사고를 통해 스스로 건강에 대해 결정을 내려야 한다고 강조한다. 그는 이 책이 이념이나 정치적 관점을 떠나 명백한 오류와 그로 인한 결과를 직시하고 더 나은 대안을 모색하는 계기가 되기를 희망한다고 밝힌다.

『백신의 배신』은 그 내용의 과학적 타당성에 대한 격렬한 논쟁과는 별개로 '환자의 치료 거부, 어디까지 존중해야 하는가?'

라는 의료 윤리의 핵심 질문을 환자의 자율성이라는 측면에서 강력하게 제기한다. 이 책은 국가나 의료 전문가 집단이 권장하거나 심지어 강제하려는 특정 의료 행위(여기서는 백신 접종)에 대해 개인이 자신의 신념, 정보 판단, 그리고 가치관에 따라 이를 거부할 권리가 있음을 옹호하는 논리를 제공한다. 저자는 백신의 안전성과 효능에 대한 주류 의학계의 설명에 의문을 제기하면서, 환자들이 공중 보건 당국이나 의사의 권고를 무비판적으로 수용하기보다는 스스로 정보를 탐색하고 판단하여 자신의 몸에 대한 결정을 내릴 자율권을 가져야 한다고 주장한다.

이러한 관점에서 환자의 치료 거부는 존중되어야 할 자율적 선택으로 간주된다. 의사는 환자에게 충분한 정보를 제공하고 최선의 의학적 판단을 권고해야 하지만, 최종적인 결정권은 환자에게 있다는 것이다. 만약 환자가 제공된 정보와 의사의 권고를 숙고한 후에도 특정 치료(백신 접종)를 거부한다면, 의사는 그 결정을 존중해야 한다고 이 책은 말한다.

그러나 이 책의 논리는 개인의 자율성과 공중 보건이라는 집단적 가치가 충돌하는 지점에서 복잡한 윤리적 딜레마를 야기한다. 백신 거부와 같은 개인의 선택이 사회 전체의 감염병 확산 방지 노력에 부정적인 영향을 미칠 수 있기 때문이다. 이 경우 개인의 자율성을 어디까지 존중해야 하며, 사회 전체의 건강을 보호하기 위한 의사의 책임 범위와 공공 정책의 개입 범위는 어느 정도까지 가능한가 하는 어려운 문제에 직면한다. 이 책은 이러한 딜레마에 대해 명확한 해결책을 제시하기보다는 환자의 자율성과 정보에 입각한 선택의 중요성을 극단적으로 강조함으로써 기존의 의료 권위와 공중 보건 정책에 대한 근본적인 질문을 던지는 역할을 한다.

『백신의 배신』은 출간 직후부터 과학계와 의학계로부터 거센 비판에 직면했다. 많은 전문가들은 저자의 주장에 과학적 근거가 부족하고, 이미 반증된 음모론을 반복하거나 데이터를 오용하고 있다고 지적한다. 특히 백신과 자폐증의 연관성은 주류 과학계에서 명확히 부정된 사안임에도 이를 다시 제기하는 것에 대한 비판이 거세다. 저자가 제시하는 정보의 선택적 사용과 편향된 해석, 그리고 특정 인물과 기관에 대한 공격적인 논조 또한 비판의 대상이 된다. 이 책이 공중 보건에 대한 불신을 조장하고 백신 접종률을 낮춰 사회 전체의 건강을 위협할 수 있다는 우려도 제기된다.

과학적 논란과는 별개로, 이 책은 의료 현장에서 환자의 자율성 존중과 의사의 정보 제공 책임이라는 중요한 화두를 던진다. 의사들은 환자가 가진 다양한 정보와 신념을 이해하고, 그들이 치료를 거부했을 때 어떻게 소통하고 대처해야 하는지 고민한다. 이 책은 환자들이 의료 정보에 대해 더욱 비판적으로 접근하고 자신의 목소리를 내는 경향이 커지고 있음을 보여주는 현 상황의 한 단면을 보여준다. 따라서 의사들은 환자와 신뢰 관계를 구축하고, 과학적 근거에 바탕을 둔 정확한 정보를 충분히 제공하며, 환자의 가치관과 우려를 경청하는 열린 소통 자세를 견지해야 한다고 말한다. 동시에 과학적으로 검증되지 않은 정보나 주장에 대해 단호하게 대처하고 공중 보건 원칙을 지켜야 하는 의사의 사회적 책임 또한 강조한다.

MMI 쟁점라 분석

이 책은 '환자의 치료 거부, 어디까지 존중해야 할까?'라는 질문을 던진다. 이 질문에 답변하기 위해서는 다음과 같은 구조적 분석을 통해 자신의 생각을 정리하는 것이 효과적이다.

✚ 환자의 자율성 존중의 원칙 천명

가장 먼저, 현대 의료 윤리의 핵심 원칙인 환자의 자율성 존중을 명확히 밝힌다. 환자는 자기 신체에 대한 결정권을 가지며, 충분한 정보에 바탕을 둔 치료 거부 의사는 원칙적으로 존중되어야 함을 강조한다. 『백신의 배신』은 이러한 환자의 자율성 측면을 강력하게 제기하며, 개인이 자신의 신념과 판단에 따라 특정 의료 행위를 거부할 권리가 있음을 옹호하는 논리를 제공한다.

➕ 의사의 정보 제공 의무 및 소통 노력 강조

환자의 자율성이 진정한 의미를 가지려면 의사가 충분하고 정확한 정보를 먼저 제공해야 한다. 의사는 환자에게 치료의 필요성, 효과, 예상되는 위험과 부작용, 그리고 가능한 대안 등을 환자가 이해할 수 있도록 설명할 책임이 있다. 『백신의 배신』에서도 의사의 책임은 "환자에게 충분한 정보를 제공하고 최선의 의학적 판단을 권고하는 데 있다"고 말한다. 또한 의사는 환자가 가진 다양한 정보와 신념을 이해하고, 그들이 치료를 거부했을 때 어떻게 소통하고 대처해야 하는지 고민해야 한다.

➕ 딜레마 상황 인식(개인의 자율성 vs. 공중 보건)

개인의 치료 거부 결정이 공중 보건과 같은 집단적 가치와 충돌할 때 윤리적 딜레마가 발생함을 인지해야 한다. 『백신의 배신』은 "개인의 자율성과 공중 보건이라는 집단적 가치가 충돌하는 지점에서 복잡한 윤리적 딜레마를 야기한다"고 지적하는데, 특히 백신 거부처럼 개인의 선택이 사회 전체의 감염병 확산 방지 노력에 부정적인 영향을 미칠 수 있는 경우가 대표적이다. 이 경우 "개인의 자율성을 어디까지 존중해야 하며, 사회 전체의 건강을 보호하기 위한 의사의 책임과 공공 정책의 개입은 어느 정도까지 정당화될 수 있는가." 하는 어려운 문제에 직면하게 된다.

✚ 균형 잡힌 접근 및 대처 방안 모색

이러한 딜레마 상황에서 환자의 자율성을 최대한 존중하면서도 공중 보건의 원칙을 지키기 위한 균형점을 찾아야 한다. 의사는 과학적 근거에 바탕을 둔 정확한 정보를 충분히 제공하고, 환자의 가치관과 우려를 경청하며 신뢰 관계를 구축하는 열린 소통 자세를 견지해야 한다. 또한 과학적으로 검증되지 않은 정보나 주장에 대해서는 단호하게 대처하고 공중 보건의 원칙을 지켜야 하는 의사의 사회적 책임 또한 고려해야 한다.

✚ 결론 및 의사로서의 자세 정립

환자의 진료 거부에 대해 어디까지 존중해야 하는가에 대한 질문은 정답이 정해져 있지 않은 윤리적 문제이기에 각 상황의 특수성을 고려하여 신중하게 판단해야 한다. 따라서 환자 중심의 의료를 실천하되, 의사가 가져야 하는 사회적 책임 또한 잊지 않겠다는 다짐을 보여주는 것이 중요하다.

환자의 치료 거부 문제는 의료 현장에서 의사가 직면할 수 있는 매우 중요한 윤리적 딜레마라고 생각합니다. 저는 기본적으로 의사결정 능력이 있는 성인 환자의 자율적인 치료 거부 의사는 존중되어야 한다고 생각합니다.

『백신의 배신』이라는 책은 바로 이러한 환자의 자율적 선택권을 강조하며, 환자들이 공중 보건 당국이나 의사의 권고를 무비판적으로 수용하기보다는 스스로 정보를 탐색하고 판단하여 자신의 몸에 대한 결정을 내릴 자율권을 가져야 한다고 주장합니다. 의사는 환자에게 의학적 정보와 의사의 권고 사항을 전달할 책임이 있고, 환자가 그것을 바탕으로 숙고한 뒤 특정 치료를 거부한다면 그 결정을 존중해야 한다는 것입니다.

그러나 이 책이 지적하듯이, 특히 백신 거부와 같이 개인의 선택이 사회 전체의 감염병 확산 방지 노력에 부정적인 영향을 미칠 수 있을 때, 개인의 자율성과 공중 보건이라는 집단적 가치가 충돌하는 복잡한 윤리적 딜레마가 발생합니다.

이러한 상황에서 의사는 먼저 환자와 신뢰 관계를 구축하고, 과학적 근거에 바탕을 둔 정확한 정보를 충분히 제공하며, 환자의 가치관과 우려를 경청하는 열린 소통 자세를 견지하는 것이 매우 중요하다고 생각합니다. 동시에 과학적으로 검증되지 않은 정보에 대해서는 단호히 대처하고 공중 보건 원칙을 지키는 사회적 책임 또한 기꺼이 감수해야 한다고 생각합니다.

결론적으로 의사는 환자의 자율성을 최대한 존중하되, 그 결정이 타인이나

사회 전체에 미칠 수 있는 영향을 함께 고려하면서 지속적인 소통과 설득을

통해 최선의 합의점을 찾아나갈 수 있도록 노력해야 한다고 생각합니다.

첨단 생명과학 기술, 희망과 우려 사이

다섯 명의 철학자들이 함께 쓴 『생명윤리』는 현대 생명과학 기술의 눈부신 발전과 함께 새롭게 등장하거나 더욱 복잡해지고 있는 다양한 윤리 문제를 포괄적으로 검토하고 논의하는 전문 서적이다. 이 책은 특히 유전자 편집 기술, 인간 배아 연구, 인공지능 의료, 장기 이식, 연명 의료 등 첨단 생명과학 기술이 인간의 삶과 사회에 미치는 윤리적, 법적, 사회적 함의를 다각도로 조명하며, 미래 사회의 생명윤리 과제에 대한 깊이 있는 성찰을 제공한다.

『생명윤리』는 생명과학 기술의 발전이 인류에게 질병 치료와 건강 증진이라는 큰 혜택을 가져다줄 잠재력을 지니고 있음을 인정하면서도, 이러한 기술의 오용이나 무분별한 적용이 초래할 수 있는 심각한 윤리 문제들을 경고한다. 특히 크리스퍼 유전자 가위CRISPR-Cas9와 같은 유전자 편집 기술은 희귀 유전 질환 치료에 새로운 희망을 제시하지만, 인간 배아에 대한 유전자 편집이나 생식세포 편집은 맞춤형 아기designer baby 논란, 유전적 불평등 심화, 그리고 미래 세대에 예측 불가능한 영향을 미칠 수 있다는 점에서 심각한 윤리적 우려를 낳는다고 지적한다.

이 책은 인간 배아 연구의 윤리적 경계, 인공수정 및 대리모와 같은 보조생식술의 윤리적 쟁점, 인공지능 기반 진단 및 치료 시스템의 책임 문제, 장기 이식에서 공정한 분배와 뇌사 판정 기준, 연명 의료 중단 결정의 윤리적 정당성 등 현대 생명윤리학의 핵심 주제를 광범위하게 다룬다. 저자들은 각 주제에 대해 국내외의 다양한 윤리적 논의, 법적 규제 현황, 그리고 사회 합의 과정을 소개하면서 독자들이 균형 잡힌 시각을 가질 수 있도록 돕는다.

궁극적으로 이 책은 생명과학 기술의 발전이 인간의 존엄성과 생명 가치를 훼손하지 않고 인류 전체의 복지를 증진하는 방향으로 나아가기 위해서는 지속적인 윤리적 성찰과 사회적 논의,

그리고 적절한 규제와 가이드라인 마련이 필수임을 강조한다.

'유전자 편집, 인간 배아 연구의 경계를 어떻게 설정할 것인가?'라는 질문에 대해『생명윤리』는 명확한 단일 해답을 제시하기보다는 윤리적 논쟁의 핵심 쟁점들을 다각적으로 제시하고 사회 합의의 중요성을 강조하는 방식으로 접근한다. 이 책은 유전자 편집 기술, 특히 크리스퍼 유전자 가위 기술이 가진 치료 잠재력(유전 질환 치료)을 인정하면서도, 이 기술이 인간 배아나 생식세포에 적용될 때 발생할 수 있는 심각한 윤리적 문제들을 심도 있게 논의한다.

가장 큰 쟁점 중 하나는 '치료'와 '강화enhancement'의 경계다. 질병 치료를 목적으로 하는 체세포 유전자 편집은 비교적 넓은 윤리적 지지를 받을 수 있지만, 지능이나 외모와 같은 인간의 특정 형질을 '개선'하거나 '강화'하기 위한 목적으로 배아 유전자 편집을 시도하는 것은 '맞춤형 아기' 논란을 일으키며 인간의 도구화 및 유전적 계급화로 이어질 수 있다는 비판에 직면한다. 또한 배아 유전자 편집은 편집된 유전 정보가 다음 세대로 유전될 수 있기 때문에 미래 세대에 미칠 예측 불가능한 영향과 그들에 대한 윤리적 책임 문제가 제기된다.

인간 배아 연구의 윤리적 경계 설정 역시 중요한 논쟁거리다. 배아의 도덕적 지위에 대한 다양한 철학적·종교적 관점(배아를 잠재적 인간으로 보아 생명권을 인정해야 한다는 입장부터, 연구 목적이라는 제한적 사용은 허용해야 한다는 입장까지)이 첨예하게 대립한다.

이 책은 이러한 다양한 관점들을 소개하며 배아 연구가 난치병 치료 연구에 기여할 수 있는 가능성과 태아의 생명권 보호라는 가치 사이에서 어떻게 균형점을 찾아야 할지에 대한 사회 논의가 필요함을 역설한다. 결국 유전자 편집과 인간 배아 연구의 경계는 과학 기술의 발전 속도에 발맞춰 지속적인 윤리적 검토와 민주적인 사회 합의 과정을 통해 신중하게 설정되어야 하며, 이 과정에서 인간의 존엄성, 생명의 가치, 사회적 정의, 그리고 미래 세대에 대한 책임이 핵심적인 고려 사항이 되어야 함을 강조한다.

생명윤리 분야 자체가 다양한 철학적, 종교적, 사회적 입장이 첨예하게 대립하는 영역이므로, 이 책이 특정 관점을 옹호하거나 다른 관점을 충분히 다루지 않았다고 느끼는 독자들도 있을 것이다. 또한 빠르게 발전하는 생명과학 기술의 속도에 비해 책 내용이 최신 쟁점을 충분히 반영하지 못하고 있다는 비판이 제기될 수도 있다.

『생명윤리』는 복잡하고 빠르게 변화하는 생명과학 기술의 윤리적 문제들을 종합적으로 다루고 있기 때문에 의사를 포함한 의료 전문가, 생명과학 연구자, 정책 입안자, 그리고 일반 대중

모두에게 매우 중요한 지침서 역할을 한다. 특히 의사들은 임상 현장에서 새로운 생명과학 기술을 접하거나, 이러한 기술과 관련된 윤리적 딜레마에 직면할 가능성이 높다.

이 책은 의사들이 유전자 편집, 배아 연구, 인공지능 의료 등 첨단 기술의 윤리적 함의를 깊이 이해하고, 환자의 자율성, 인간 존엄성, 사회 정의 등의 가치를 바탕으로 책임 있는 의사 결정을 내리는 데 필요한 이론적 토대와 성찰의 기회를 제공한다. 또한 환자 및 보호자와 이처럼 민감한 윤리 문제에 대해 효과적으로 소통하고 상담하는 데 필요한 지식과 관점을 제공함으로써 의료 현장에서 윤리적 실천 역량을 강화하는 데 기여할 수 있다.

MMI 쟁점과 분석

'환자가 원하면 유전자 편집 기술을 허용해야 할까? 허용해야 한다면 어디까지 허용해야 할까?'라는 질문은 『생명윤리』에서 다루는 핵심 쟁점 중 하나로, 다각도로 분석해 보아야 한다.

➕ 환자 자율성 존중의 원칙

환자는 자신의 질병 치료 방법에 대해 알 권리와 선택할 권리가 있다. 만약 환자가 유전자 편집 기술을 통한 치료를 원하고, 해당 기술이 잠재적 치료 효과를 가진다면 환자의 의사를 존중하는 것이 윤리적 출발점이 될 수 있다.『생명윤리』는 의사들이 첨단 기술의 윤리적 함의를 이해하고 환자의 자율성을 바탕으로 책임 있는 결정을 내리는 데 도움을 준다.

✚ '치료' 목적과 '강화' 목적의 명확한 구분 (『생명윤리』의 핵심 쟁점)

- **치료 목적:** 책에서 언급하듯, 크리스퍼 유전자 가위 기술 등은 희귀 유전 질환 치료에 새로운 희망을 제시할 수 있다. 질병으로 고통받는 환자의 치료를 목적으로 하는 체세포 유전자 편집은 비교적 넓은 윤리적 지지를 받을 수 있으며, 환자의 삶의 질을 개선하다는 점에서 긍정적 측면이 크다.

- **강화 목적:** 지능이나 외모 등 특정 형질을 '개선'하거나 '강화'하기 위한 유전자 편집은 '맞춤형 아기' 논란, 인간의 도구화, 유전적 계급화 및 사회 불평등 심화로 이어질 수 있다는 심각한 윤리적 우려에 직면한다. 따라서 신중한 접근과 광범위한 사회적 논의가 필요하다.

✚ 편집 대상 세포의 종류에 따른 윤리적 무게 차이

- **체세포 유전자 편집:** 편집된 유전 정보가 해당 개인에게만 영향을 미치므로 치료 목적일 경우 윤리적 부담이 적을 수 있다.
- **생식세포 및 배아 유전자 편집:** 편집된 유전 정보가 다음 세대로 유전될 수 있어 예측 불가능한 장기적 영향과 미래 세대에 대한 윤리적 책임 문제가 제기된다. 『생명윤리』는 이러한 경우 심각한 윤리적 우려를 낳는다고 지적한다.

✚ 안전성, 효과, 예측 불가능성에 대한 고려

새로운 기술인만큼 유전자 편집의 장기적인 안전성과 효과, 의도하지 않은 부작용 발생 가능성에 대한 충분한 과학적 검증과 사회적 논의가 필요하다. 이 책은 기술 오용이나 무분별한 적용이 초래할 수 있는 심각한 윤리적 문제들을 경고한다.

✚ 사회 합의와 규제의 필요성

『생명윤리』는 유전자 편집과 인간 배아 연구의 경계가 과학 기술 발전 속도에 발맞춰 지속적인 윤리적 검토와 민주적인 사회 합의 과정을 통해 신중하게 설정되어야 함을 강조한다. 이 과정에서 인간의 존엄성, 생명의 가치, 사회 정의, 미래 세대에 대한 책임이 중요한 고려 사항이 되어야 한다고 역설한다.

　환자의 유전자 편집 기술 사용 요구는 무조건적으로 수용하거나 거부하기보다는, 그 목적(치료 vs. 강화). 대상 세포(체세포 vs. 생식세포), 안전성, 그리고 사회적·윤리적 함의를 종합적으로 고려하여 신중하게 판단해야 한다.

환자가 유전자 편집 기술을 원한다면 그 요청의 배경과 목적을 충분히 경청하고 공감하는 것이 우선이라고 생각합니다. 『생명윤리』는 이러한 첨단 생명과학 기술이 잠재적 혜택과 동시에 심각한 윤리 문제를 안고 있음을 지적하고 있습니다.

저는 이 책에서 강조하는 '치료'와 '강화'의 경계를 기준으로 판단하는 것이 중요하다고 생각합니다. 현재에는 치료법이 없는 심각한 유전 질환으로 고통받는 환자에게 치료 목적의 체세포 유전자 편집 기술이 안전성과 효과 면에서 합리적인 대안이 될 수 있다면 환자의 자율성을 존중하여 매우 신중하게 고려해 볼 수 있다고 생각합니다. 유전자 편집 기술은 희귀 유전 질환 치료에 새로운 희망을 제시할 수 있기 때문입니다.

그러나 이 책이 경고하듯이, 단순히 능력을 '강화'하려는 목적이거나 다음 세대로 유전되는 생식세포 또는 배아 편집의 경우, 예측 불가능한 영향과 '맞춤형 아기' 논란, 유전적 불평등 심화와 같은 심각한 윤리 문제를 야기할 수 있으므로 현재로서는 허용하기 어렵다고 생각합니다.

궁극적으로 『생명윤리』가 강조하는 것처럼, 유전자 편집 기술의 적용은 인간 존엄성, 안전성, 사회 정의를 바탕으로 지속적인 논의와 엄격한 윤리적, 법적 가이드라인 안에서 이루어져야 한다고 생각합니다. 따라서 환자의 회

망을 존중하되, 그 범위는 현재로서는 명확한 치료 목적과 개인에게 한정

되는 체세포 편집에 국한하고, 사회 합의를 바탕으로 신중히 접근해야 한

다고 생각합니다.

CHAPTER 2

공감 및 이해 능력

BOOK.6

공감하는 유전자

요아힘 바우어 | 매일경제신문사

이기적 유전자?
아니, 공감하는 유전자!

독일의 신경생물학자이자 정신과 의사 요아힘 바우어는 필자가 의대 컨설팅을 하면서 가장 많은 학생들이 읽은 작가다. 그의 저서 『공감하는 유전자』는 인간 본성에 대한 지배적인 시각, 특히 '이기적 유전자'라는 가설에 정면으로 도전하면서 공감과 협력이 인간의 근원적인 생물학적 특성임을 역설하는 중요한 학술서다.

이 책은 유전자가 단순히 고정된 설계도가 아니라 환경 및 생활 방식, 그중에서도 특히 사회관계와 의미 지향적 태도에 적극적으로 반응하며 개인의 건강과 질병에 깊숙이 관여한다는 사회유전체학sociogenomics적 관점을 제시한다. 바우어는 인간의 유전자가 고립되어 작동하는 것이 아니라, 외부 세계와 끊임없이 상호작용하면서, 특히 타인과의 공감 관계 속에서 그 발현 양상이 달라질 수 있다고 주장한다. 이는 의료 현장에서 의사와 환자 간의 치료 관계를 이해하는 데 새로운 패러다임을 제공한다.

『공감하는 유전자』의 핵심 주장은 인간이 본질적으로 이기적인 존재라는 통념을 뒤집고, 오히려 공감하고 공존하도록 생물학적으로 설계되었다는 데 있다. 저자는 인간의 유전자가 '이기적'이라는 명제보다는 '소통가'로서의 역할을 수행하며, 의미 있고 인간 친화적이며 사회적인 외부 환경 특히 긍정적인 상호작용에 대해 유익한 방향으로 반응한다고 강조한다. "따라서 유전자는 '소통가'다." 이는 바우어가 제시하는 '공감과 공존'에 바탕을 둔 '인간성'이라는 개념과 일맥상통한다.

이러한 유전자의 반응성은 고정불변한 것이 아니라 개인의 생활양식, 주변 환경, 그리고 무엇보다 사회 경험과 내면의 태도로 끊임없이 조절된다는 점이 중요하다. 바우어는 이것이 "우리의 유전체(게놈)는 끊임없이 움직이며 '밖에서' 들어오는 신호를 감지해 이에 고유한 반응으로 답하기 때문"이라고 설명하면서 "긍정적인 인간관계는 불안 중추의 활성화를 억제하고… 유전자 활동 패턴을 활성화시킨다”고 부연한다. 특히 가치 중심적이고 공동체 지향적인 삶의 태도는 개인의 건강에 이로운 유전자 활동을 촉진하는 것으로 나타난다.

바우어는 이러한 맥락에서 '좋은 삶'의 중요성을 역설한다. 마음의 평정, 공동체와의 유대, 의미 지향의 활동 등으로 구성되는 '좋은 삶'은 건강에 유익한 유전자 프로그램을 활성화시켜 심혈관계 질환, 암, 치매와 같은 현대 사회의 주요 질병을 예방하는 데 기여할 수 있다고 본다. 즉 "선한 인간성, 에우다이모니아적인(의미 지향적인) 좋은 삶… 인간의 건강에 유익한 유전자 프로그램 및 신체 체계를 활성화시키며 질병의 위험을 줄인다"고 명확히 기술한다.

더 나아가 이 책은 공감 능력의 발달 과정에 대해서도 중요한 통찰을 제공한다. 공감은 선천적으로 완성된 형태로 주어지는 것이 아니라 생애 초기, 특히 양육자와의 관계에서 충분한 공감 경험을 통해 발달할 가능성을 타고난다는 것이다. 바우어는 "공감은 선천적으로 타고나는 특성이 아니다. 하지만 이를 발달시킬 가능성은 타고난다. 인간의 공감 능력을 발달시키기 위해서는 무엇보다 생애 초기에 충분한 공감을 경험해야만 한다"고 강조한다. 이는 공감 능력을 함양하는 데 환경이 결정적 역할을 한다는 사실을 시사한다.

바우어는 긴밀한 인간관계와 사회적 유대는 단순한 심리적 위안을 넘어 모든 종류의 고통에서 개인을 보호하고 질병의 회복 및 신체의 자가 치유 능력에도 긍정적인 영향을 미치는 생물학적 힘을 지닌다고 주장한다.

'인간은 공감할 수 있는 존재인가?'라는 질문에 대해『공감하는 유전자』는 복합적이면서도 긍정적인 답변을 제시한다. 이 책의 논지에 따르면, 인간에게는 타인에게 공감할 수 있는 생물학적 잠재력이 유전자 수준에서 내재되어 있다. 그러나 이 잠재력이 온전히 발현되고 성숙한 공감 능력으로 기능하기 위해서는 개인이 외부 세계로부터, 특히 생애 초기에 중요한 타인에게 '공감받는 경험'을 해보아야 한다. 즉 공감 능력은 유전적 소인이라는 씨앗과 공감적 환경이라는 토양의 상호작용을 통해 싹트고 자라나는, 그 자체로 '공감적 상호작용의 산물'이라고 볼 수 있다. 따라서 공감은 단순히 타고나는 능력이 아니라, 공감적 관계 속에서 길러지고 강화되는 역동적인 과정의 결과물인 것이다.

이러한 관점은 공감의 생물학적 당위성을 재조명하고 치료 관계를 새롭게 정의할 필요성을 제기한다. 전통적으로 의사의 공감은 윤리 덕목이나 심리적 기술의 차원에서 논의되어 왔다. 그러나 바우어는 공감이 인간의 근원적인 생물학적 본성이며, 공감을 포함한 긍정적인 사회적 상호작용이 유전자 발현에 영향을 미쳐 건강을 증진한다고 주장함으로써 의사의 공감 행위를 단순한 친절이나 심리적 지지를 넘어선 적극적인 치료 개입으로 격상시킨다. 의사가 환자에게 공감하는 것은 환자의 심리 안정을 도모할 뿐 아니라, 환자의 생물학적 치유 환경 자체에 긍정적인 영향을 미칠 수 있는 잠재력을 지닌다는 것이다. 이는 "공감과 치료 관계"가 단순한 심리적 유대를 넘어 생물학적 차원에서도 그 중요성이 강조되어야 함을 의미하며, 의사의 공감하는 태도가 환자의 회복 과정에 직접적으로 기여할 수 있다는 강력한 근거를 제공한다.

또한 바우어가 공감 능력은 타고나는 것이 아니라 생애 초기의 공감 경험을 통해 '발달'한다고 강조한 것은 의료인에게 공감 능력이 저절로 생기거나 단순히 지식 습득만으로 함양될 수 없음을 명확히 한다. 이는 의과대학 교육과정 및 의료 현장에서 공감 능력을 체계적으로 함양하고 훈련하는 프로그램의 중요성을 부각시킨다. 단순한 윤리 교육을 넘어 미래 의료인들이 공감적 상호작용을 직접 경험하고 실습하며 내재화할 수 있는 환경 조성이 필수적이다. '인간은 공감할 수 있는 존재인가?'라는 질문에 대해 이 책은 '그렇다. 그러나 공감받는 경험을 통해서만 온전히 발현된다'고 답한다.

마지막으로, 바우어가 제시하는 '의미 지향적이고 사회 친화적인 삶'이 건강에 긍정적인 유전자 활동을 이끈다는 주장은 의사의 역할을 확장시킨다. 질병 상황에서 환자는 종종 삶의 의미를 상실하거나 깊은 실존적 혼란을 겪을 수 있다. 이때 의사는 질병의 생물학적 치료를 넘어 환자가 질병이라는 고통스러운 경험 속에서도 삶의 의미를 재발견하거나 새로운 의미를 구성하도록 돕는 조력자 역할을 수행할 수 있다. 이는 환자의 '좋은 삶'을 지원함으로써 생물학적 치유 과정에도 간접적으로 긍정적 영향을 미칠 수 있으며, 질병 치료를 넘어 환자의 전인적 회복을 추구하는 의료의 본질과 맞닿아 있다.

하지만 이런 비판도 가능하다. SNS의 과도한 사용이 삶의 만족도를 떨어뜨리고 불안과 우울 증상을 심화시킬 수 있다는 점을 지적하면서, 이는 책에서 강조하는 긍정적 사회 연결과는 다른 측면에서 현대적 소통 방식에 대한 비판으로 읽힐 수 있지 않느냐는 의문이다. 더 연결될수록 더 외로워지는데 어째서 유전자는 공감을 지향한다고 말할 수 있을까?

『공감하는 유전자』는 공감의 중요성을 윤리적, 심리적 차원을 넘어 생물학적, 유전학적 근거를 통해 설득력 있게 제시하는 역작이다. 이 책은 의료 현장에서 공감의 상호작용과 환자 중심의 치료 환경 조성이 단순한 '서비스 개선'의 차원을 넘어 환자의 생물학적 회복 과정에 직접적으로 기여할 수 있는 '필수적인 치료 요소'임을 강력하게 시사한다.

의료인은 환자와의 관계에서 공감하는 태도를 견지함으로써 환자의 심리 안정뿐만 아니라 생물학적 치유 과정에도 긍정적 영향을 미칠 수 있음을 깊이 인식해야 한다. 이를 위해 의료인들은 효과적인 공감 소통 기술을 습득하고, 환자가 존중받고 이해받고 있다고 느낄 수 있는 치료 환경을 조성하는 데 적극적으로 힘써야 할 것이다.

나아가 의학 교육은 미래의 의료인들이 공감 능력을 단순한 개인의 자질이 아닌, 학습과 훈련을 통해 개발할 수 있는 핵심 전문 역량으로 인식하도록 이끌어야 한다. 교육 과정 내에 공감의 상호작용을 경험하고 실습할 수 있는 기회를 충분히 제공함으로써, 의료인이 환자의 질병뿐만 아니라 그들의 삶 전체를 고려하는 전인적 관점을 갖추도록 지원해야 한다.

이 책은 공감이 단순한 감정적 반응이 아니라, 인간 생존과 건강의 근본 조건임을 밝힘으로써 의료의 인간적 차원을 더욱 심화하는 데 중요한 이론적 토대를 제공한다.

MMI 쟁점과 분석

'의사는 환자의 고통에 어디까지 공감해야 하는 존재일까?'라는 질문은 의료 윤리의 핵심이며, 『공감하는 유전자』는 이에 대한 중요한 시사점을 제공한다.

+ 공감의 근본적 중요성과 생물학적 기반 인식

먼저 공감이 단순한 감정적 반응을 넘어 인간의 생물학적 본성이며 치료 관계의 핵심 요소임을 이해해야 한다. 『공감하는 유전자』는 공감과 협력이 인간의 근원적인 생물학적 특성임을 역설하며, 긍정적인 인간관계와 공감의 상호작용이 유전자 발현에 영향을 미쳐 건강을 증진시킨다고 주장한다. 이는 의사의 공감이 환자 치유에 직접적으로 기여할 수 있는 강력한 근거가 된다.

+ 공감의 범위: 질병을 넘어선 전인적 이해

의사의 공감은 환자가 호소하는 신체 증상에 국한되어서는 안 된다. 질병이 환자의 삶에 미치는 영향, 즉 심리 불안, 사회 고립, 실존적 고민까지 아우르는 전인적 이해가 필요하다. 바우어가 제시하는 '의미 지향적이고 사회 친화적인 삶'이 건강에 긍정적인 유전자 활동을 이끈다는 주장은, 의사가 질병으로 고통스런 삶을 살아가는 환자에게 삶의 의미를 재발견하도록 도울 수 있음을 시사한다. 이는 공감의 범위가 환자의 '좋은 삶'을 지원하는 것까지 확장될 수 있음을 의미한다.

✚ 공감의 깊이와 전문적 경계 설정

환자의 고통에 깊이 공감하는 것은 필수적이지만, 의사 자신의 감정에 매몰되어 전문적인 판단력을 잃거나 정서적으로 소진되어서는 안 된다. 바우어의 이론은 의사의 공감을 '적극적인 치료 개입'으로 격상시키지만, 이 치료 효과를 유지하기 위해서 의사는 정서적 안정과 객관성을 유지할 필요가 있다. 즉 환자의 감정을 이해하고 수용하되, 치료자의 역할을 수행하기 위한 적절한 심리적 거리는 필요하다.

✚ 공감 능력의 개발과 학습 가능성 인지

『공감하는 유전자』는 공감 능력은 타고나는 것이 아니라 생애 초기의 공감 경험을 통해 '발달'한다고 강조한다. 이는 의료인에게 공감 능력이 저절로 생기거나 단순히 지식 습득만으로 함양될 수 없으며, 의학 교육과정 및 의료 현장에서 공감 능력을 체계적으로 함양하고 훈련하는 프로그램이 중요함을 의미한다.

✚ 궁극적 목표: 치료 관계 형성과 환자 회복 기여

　의사의 공감은 그 자체가 목적이 아니라, 환자와의 신뢰를 바탕으로 한 치료 관계를 형성하고 궁극적으로 환자 회복에 기여하는 것을 목표로 삼아야 한다. 바우어가 긴밀한 인간관계가 모든 종류의 고통으로부터 개인을 보호하고 질병 회복에 긍정적 영향을 미친다고 주장한 것처럼, 의사의 공감하는 태도는 이러한 긍정적 관계 형성의 출발점이 된다.

　의사는 환자의 질병과 그로 인한 전반적인 고통에 깊이 공감하되, 전문성을 유지하며 치료 관계를 형성하고, 이를 통해 환자의 실제적인 치유 과정에 긍정적인 영향을 미치는 수준까지 나아가야 한다. 이는 지속적인 학습과 성찰을 통해 개발될 수 있는 역량이다.

의사는 환자의 질병뿐만 아니라 그로 인한 고통 전반에 깊이 공감해야 합니다. 『공감하는 유전자』에 따르면, 공감은 인간의 근원적인 생물학적 본성이며, 긍정적인 상호작용은 실제 건강 증진에도 기여할 수 있습니다.

따라서 의사의 공감은 단순히 환자를 심리적으로 위로하는 것을 넘어, 적극적인 치료 개입이 될 수 있다고 생각합니다. 환자가 겪는 불안감, 삶의 의미 상실 등 다층적인 어려움에 귀 기울이고, 이를 이해하려는 노력은 신뢰 관계를 형성하여 치료 효과를 높이는 데 중요합니다. 이 책에서 강조하듯, 공감적 관계는 환자의 생물학적 치유 환경 자체에도 긍정적인 영향을 미칠 수 있습니다.

그러나 의사의 공감이 감정적 동조에만 머물러 전문적인 판단을 흐리거나 감정적으로 소진되어서는 안 됩니다. 환자의 고통을 깊이 이해하고 지지하되, 객관성을 유지하며 최선의 치료를 제공하는 '전문가적 공감'이 필요하다고 생각합니다.

또한 『공감하는 유전자』는 공감 능력이란 타고나는 것이 아니라 경험과 학습을 통해 발달할 수 있다고 말합니다. 저 또한 예비 의료인으로서 환자의 아픔에 진심으로 다가가고, 그들의 회복을 돕는 공감 능력을 키우기 위해 끊임없이 노력하겠습니다.

BOOK.7

최선의 고통

폴 블룸 | 알에이치코리아

고통은 우리 삶을 어떻게 풍요롭게 하는가

예일대학교 심리학 교수 폴 블룸의 저서 『최선의 고통』은 인간이 의도적으로 고통을 선택하고 심지어 즐기는 듯 보이는 역설적인 현상에 주목하여, 고통이 단순한 회피의 대상이 아니라 삶의 의미, 쾌락, 몰입, 그리고 자기실현과 깊이 연관되어 있음을 탐구하는 도발적이면서도 통찰력 있는 심리학 저술이다.

저자는 인간이 쾌락만을 극대화하려는 단순한 존재라는 전통적인 쾌락주의 관점에 반기를 들면서 특정 종류의 고통, 즉 그가 명명하는 '선량한 고통들chosen suffering, meaningful pain'이 오히려 충만하고 의미 있는 삶을 살아가는 데 필수 요소가 될 수 있다고 역설한다. 이 책은 고통에 대한 우리의 일반적인 통념에 도전하며, 환자 중심 의료의 맥락에서 의사가 환자의 고통 경험을 어떻게 이해하고 공감해야 하는지에 대한 근본적인 질문을 던진다.

『최선의 고통』에서 인간 본성에 대한 반쾌락주의 선언으로 논의를 시작한다. 그는 인간이 단순히 쾌락만을 추구하고 고통을 회피하는 존재가 아니며, 오히려 다양한 형태의 의도적인 고통 추구 행위(극도로 매운 음식 섭취, 공포 영화 감상, 극한 스포츠 도전, 힘든 목표를 향한 노력 등)를 통해 특별한 만족감과 의미를 찾는 복잡한 존재임을 강조한다.

블룸에 따르면, 고통은 단순한 불쾌감을 넘어서는 다층의 의미와 기능을 지닌다. 고통은 대비 효과를 통해 쾌락을 더욱 강렬하게 만들고, 때로는 권태로운 일상에서 벗어나 생생한 현실감을 느끼게 하며, 삶의 의미와 목적을 부여하고, 어려운 과제에 대한 몰입과 그 결과로서 성취감을 가져다주는 중요한 역할을 할 수 있다.

저자는 고통과 쾌락, 혹은 노력과 보상 사이의 최적 지점, 즉 '스위트 스폿sweet spot'의 존재를 제시하며, 이 지점을 찾는 것이 충만한 삶의 핵심이라고 주장한다. 특히 자발적으로 선택한 고

난, 예를 들어 험난한 산악 등반, 육아의 어려움, 종교적 고행 등
은 피상적인 안락함을 넘어서는 깊은 삶의 의미를 발견하고 개
인의 성장을 이루는 중요한 계기가 된다고 본다.

한편, 블룸은 그의 이전 저서 『공감의 배신』에서 공감empathy
에 대해 비판적인 입장을 견지한 바 있다. 그는 정서적 공감이
때로는 편향된 판단을 이끌고, 비합리적인 결과를 초래하며, 도
덕 지침으로서 한계가 있다고 주장했다. 대신 그는 타인의 고통
을 이해하고 돕고자 하는 합리적 연민rational compassion의 중요성
을 강조한다. 이러한 그의 공감에 대한 비판적 시각은 『최선의
고통』에서 논의되는 고통의 의미와 가치를 환자 중심 의료 및
의사의 공감 범위 설정 문제와 연결하여 고찰할 때 중요한 배경
이 된다.

블룸의 저작, 특히 『최선의 고통』과 『공감의 배신』에서 나타
나는 그의 관점을 종합적으로 고려할 때, 의사가 환자에게 던져
야 할 질문은 단순한 증상 확인을 넘어 환자의 내면 깊은 곳을
향해야 한다. 블룸이 정서적 공감의 함정을 지적하면서 '합리적
연민'의 중요성을 강조했듯이, 의사의 질문은 환자의 고통에 감
정적으로 동화되기보다는 그들의 상황을 깊이 '이해'하고 고통
을 덜어주며 환자가 치료 과정에 주체적으로 참여하도록 돕는
데 초점을 맞추어야 한다. 이는 환자가 겪는 고통의 본질과 그것

이 환자 개인에게 미치는 다각적인 영향을 파악하려는 노력과 직결된다.

이러한 관점에서 의사는 환자 중심 의료를 실현하기 위해 '고통의 의미'를 탐색하는 질문을 던져야 한다. 『최선의 고통』에서 보여주듯, 고통은 단순히 부정적인 경험을 넘어 개인에게 의미를 부여하고 성장의 기회가 될 수도 있기 때문이다. 따라서 의사는 "현재 겪고 계신 어려움이 환자분의 삶에서 어떤 의미를 지닌다고 생각하시는지요?" 혹은 "이 상황을 통해 지키고 싶거나 얻고 싶은 가치가 있으신가요?"와 같은 질문을 통해, 환자가 질병과 치료 과정에서 겪는 고통을 단순히 제거해야 할 대상으로만 보지 않고, 그 경험의 개인적인 의미를 탐색하도록 도와야 한다. 이는 환자의 주체성을 존중하고, 치료 목표 설정 과정에서 환자의 '의미 찾기' 욕구를 적극적으로 고려하는 좀 더 심층적인 접근이다.

더 나아가, 환자의 자율성과 '선택적 고통'을 존중하는 질문 또한 중요하다. 『최선의 고통』은 인간이 때로는 더 큰 의미나 만족을 위해 자발적으로 고통을 선택하고 감내한다고 설명한다. 치료 과정에서도 환자는 때로 어려운 선택에 직면할 수 있다. 이때 의사는 "이 치료법이 힘들 수 있다는 것을 알고 있는데도 이 방법을 고려하시는 특별한 이유가 있으신가요?" 또는 "이 치료를 통해 궁극적으로 얻고 싶으신 것은 무엇이며, 어떤 어려움까지 감수할 의향이 있으신가요?”와 같이 환자의 가치관과 목표를 이해하려는 질문을 던져야 한다. 이를 통해 의사는 환자가 자신의 선택에 담긴 의미를 찾고, 그 과정에 대한 책임을 질 수 있도록 지지한다. 이는 환자 중심 치료의 핵심 원칙과 부합한다.

결국 블룸의 시각을 따른다면, 의사의 질문은 환자의 감정에 피상적으로 공감하는 것을 넘어 그들의 가치관, 고통에 대한 해석, 그리고 삶의 목표를 깊이 이해하고 존중하며, ‘합리적 연민’에 기반한 최선의 치료를 제공하기 위한 방향으로 나아가야 할 것이다.

MMI 쟁점라 분석

‘의사는 환자의 고통에 대한 호소를 어디까지 믿어야 할까?’ 환자의 고통 호소에 대한 의사의 신뢰 범위 문제는 매우 섬세하고 복잡한 윤리적 판단이 필요하다. 폴 블룸의 저작, 특히『최선의 고통』과『공감의 배신』에서 나타나는 그의 관점은 이 문제에 대한 깊이 있는 성찰을 제공한다.

✚ 기본적 신뢰와 경청의 자세

환자가 고통을 호소할 때, 의사는 일차적으로 그 호소를 진실된 것으로 받아들이고 경청하는 자세를 가져야 한다. 환자 중심 의료의 기본은 환자의 주관적인 경험을 존중하는 데서 시작하기 때문이다.

✚ 폴 블룸의 '합리적 연민' 적용

블룸은 감정적 공감emotional empathy의 위험성을 지적하면서 '합리적 연민'을 강조한다. 이는 환자의 고통을 인지하고 그들의 어려움을 덜어주려는 진정한 의지를 갖되, 감정적으로 완전히 동화되거나 압도되지 않고 객관적이고 합리적인 판단을 유지하는 태도를 가리킨다. 따라서 환자의 고통 호소를 '믿는다'는 것은 감정적 동조를 넘어 그 고통이 발생한 원인, 맥락, 그리고 환자에게 미치는 영향을 다각적으로 이해하려는 이성적 노력과 연결되어야 한다.

✚ 객관적 평가와 진단의 필요성

고통에 대한 환자의 주관적 호소는 중요한 단서지만, 의사는 이를 바탕으로 자신의 의학적 지식, 경험, 그리고 필요한 검사 등을 통해 고통의 원인과 정도를 객관적으로 평가하고 진단해야 한다. 이는 환자에 대한 맹목적인 믿음이 아니라, 전문성을 바탕으로 한 신중한 검증 과정이다.

✚ '고통의 의미'와 '선택적 고통'에 대한 이해 (『최선의 고통』 활용)

『최선의 고통』은 모든 고통이 즉시 제거되어야 할 부정적인 대상만은 아니며, 때로는 개인이 그 고통을 통해 의미를 찾거나 성장을 이룰 수 있음을 시사한다. 환자가 특정 치료법과 관련된 고통을 감수하려 하거나 그 고통의 의미를 다르게 해석하고 있다면, 의사는 이러한 '선택적 고통'의 가능성과 환자의 가치관을 이해하려고 노력해야 한다. 이는 단순히 환자의 고통 호소에 대한 진위 여부를 떠나 환자의 내면을 깊이 이해하는 과정이다.

✚ 지속적인 소통과 신뢰 관계 구축

'환자의 고통 호소를 어디까지 믿을 것인가'의 문제는 일회적인 판단이 아니라, 환자와 의사 간의 지속적인 소통과 상호 신뢰 관계 속에서 조율되어야 한다. 의사가 환자의 말을 진정으로 듣고 이해하려 노력할 때 환자 역시 자신의 상태를 더 정확하고 솔직하게 전달할 가능성이 높아진다.

의사는 환자의 고통 호소를 기본적으로 신뢰하고 존중하되,

블룸이 강조하는 '합리적 연민'의 자세로 객관적이고 전문적인 평가를 병행하며, 환자가 겪는 고통의 다층적인 의미까지 이해하려는 노력을 기울여야 한다. 이는 단순한 믿음을 넘어선 깊이 있는 이해와 효과적인 치료 개입으로 이어질 수 있다.

의사는 기본적으로 환자의 고통 호소를 진실된 것으로 받아들이고 깊이 경청해야 한다고 생각합니다. 환자의 주관적인 경험은 진단과 치료의 중요한 시작점이기 때문입니다.

그러나 『최선의 고통』에서 강조한 '합리적 연민'의 관점에서 볼 때, 의사의 역할은 환자의 모든 감정이나 호소에 즉각적으로 동화되는 것을 넘어, 그 고통의 원인과 맥락을 객관적으로 파악하고 실질적인 도움을 주려는 데 있다고 생각합니다. 즉 환자의 말을 믿되, 감정에 휩쓸리지 않고 전문적인 판단을 유지하는 것이 중요합니다.

또한 『최선의 고통』에서 제시하듯, 모든 고통이 단순히 제거되어야 할 부정적인 것만은 아닐 수 있습니다. 때로는 환자가 고통 속에서 찾고자 하는 의미나 가치가 있을 수 있으므로, 의사는 이러한 가능성까지 헤아리며 환자의 말을 단순히 '믿는 것'을 넘어 깊이 '이해'하려고 노력해야 합니다.

따라서 저는 환자의 고통 호소를 신뢰하되, 의학 지식과 객관적 평가를 통해 그 내용을 면밀히 검토하고, 환자의 전인적인 상황을 고려하여 최선의 치료를 결정하여 권유하는 것이 의사의 바람직한 자세라고 생각합니다. 궁극적으로 환자와 의사 간 깊은 신뢰 관계 속에서, 진정성 있는 소통을 통해 고통의 실체에 접근하고 함께 해결책을 모색하는 자세가 중요하다고 믿습니다.

나의 팔레스타인 이웃에게 보내는 편지

요시 클라인 할레비 | 경당

어렵지만 의미 있는 소통의 가능성

이스라엘의 저명한 작가이자 저널리스트 요시 클라인 할레비의 저서 『나의 팔레스타인 이웃에게 보내는 편지』는 극심한 갈등과 불신으로 점철된 이스라엘-팔레스타인 분쟁 상황에서, 한 이스라엘인이 자신의 팔레스타인 이웃에게 보내는 진솔한 편지를 통해 상호 이해와 대화를 모색하는 용기 있는 시도다.

이 책에서 할레비는 유대인으로서 자신의 역사적 경험, 종교적 신념, 이스라엘 국가에 대한 정체성, 그리고 평화에 대한 깊은 열망을 솔직하게 드러내면서 두 나라 간에 이어지고 있는 분쟁의 복잡한 이데올로기적·감정적 매듭을 풀고자 노력한다. 특히 이 책은 에필로그를 통해 저자의 편지를 읽은 실제 팔레스타인 이웃들의 다양한 반응과 반론이 담긴 답장을 수록함으로써, 어렵지만 의미 있는 소통의 가능성을 탐색하고 있다.

이 책의 가장 핵심적인 주장은 이스라엘-팔레스타인 분쟁 해결의 출발점은 서로의 역사, 존재, 그리고 이 땅에 대한 각자의 깊은 정신적·정서적 연결성을 이해하고 인정하는 데서 시작되어야 한다는 것이다.

할레비는 유대 민족이 겪어온 4000년의 역사, 시오니즘의 본질적 의미, 홀로코스트라는 민족적 트라우마, 그리고 이스라엘 국가 창건의 역사적 정당성 등 이스라엘인의 관점에서 분쟁의 배경과 복잡한 감정적 매듭을 팔레스타인 이웃에게 설명하려 시도한다.

그는 이스라엘 건국을 둘러싸고 양측이 첨예하게 대립하는 서사, 즉 이스라엘인에게는 민족 구원의 서사이지만 팔레스타인인에게는 고향 상실과 추방(나크바)의 서사가 공존해야 하며, 이러한 역사 해석의 차이가 정치적 타협과 평화 공존의 가능성을 원천적으로 차단해서는 안 된다고 주장한다.

궁극적으로 할레비는 뿌리 깊은 증오와 상호 악마화의 악순

환을 넘어서기 위해서는 서로를 일상적인 대화 상대로 인정하고, 공감을 통해 상대방의 고통과 입장을 이해하려는 진지한 노력이 필요하다고 역설한다. 이러한 대화의 시도는 책의 에필로그에 실제 팔레스타인인들의 다양한 반응(분노와 비판부터 공감과 지지까지)을 담아냄으로써, 일방적인 주장을 넘어선 쌍방향 소통의 가능성과 그 어려움을 동시에 보여준다.

『나의 팔레스타인 이웃에게 보내는 편지』에서 보여주는 접근법을 의료 상황, 특히 다른 문화적 또는 종교적 배경을 가진 환자를 대하는 의사의 자세에 적용해 보면 몇 가지 중요한 원칙을 도출할 수 있다. 할레비가 물리적, 심리적 장벽 너머의 '타자'에게 먼저 손을 내밀어 자신의 이야기를 진솔하게 전달하고 상대방의 이야기를 경청하려 했던 것처럼, 의사 역시 환자를 대할 때 선입견이나 의학적 권위에만 의존하기보다는 환자 개개인이 가진 고유한 서사narrative를 존중하고 이해하려는 노력이 선행되어야 한다. 여기서 서사란 환자의 문화적 배경, 종교적 신념 체계, 질병과 건강에 대한 개인적·문화적 이해 방식, 과거의 의료 경험 등을 포괄하는 개념이다. 의사가 자신의 의학적 관점만을 절대적인 것으로 강요하기보다는 환자의 세계관을 이해하려는 진지한 노력을 통해 상호 신뢰를 구축하고, 이를 바탕으로 환자와 의료진 양측이 수용 가능하고 효과적인 치료 계획을 함께 모색하는 '대화적 접근dialogic approach'을 시도하는 것이 핵심이다. 이는 환자의 문화적 정체성을 깊이 존중하고 이를 치료 과정에 통합하려는 문화적 감수성cultural sensitivity의 본질과 맞닿아 있다.

이러한 맥락에서 볼 때 의료 현장의 '서사적 겸손narrative humility'은 문화적 감수성을 실현하는 데 매우 중요한 태도다. 할레비는 이스라엘-팔레스타인 분쟁의 핵심 원인 중 하나로 각자의 서사에 대한 확신과 상대방 서사에 대한 무시 또는 부정을 지목한다. 그는 자신의 서사를 전달하되, 상대방의 서사가 존재하며 그 또한 정당성을 가질 수 있음을 인정하고 대화를 시도한다.

의료 현장에서 의사는 자신이 보유한 과학적 의학 지식과 사회 권위에 기반한 '지배적 서사'를 환자에게 일방적으로 전달하거나 주입하려는 유혹에 빠지기 쉽다. 그러나 할레비의 접근법은 의사에게 '서사적 겸손'을 요구한다. 즉 의학적 진실만큼이나 환자가 자신의 질병 경험과 삶의 맥락에 대해 가지고 있는 고유한 이야기, 문화적 해석, 종교적 신념의 중요성을 인정하고 이를 적극적으로 경청해야 한다는 것이다. 이는 환자의 문화적 배경이 치료 순응도, 건강 관련 행동, 주요 의료 결정 과정에 미치는 심대한 영향을 깊이 이해하고 존중하는 문화적 감수성의 근본적인 토대가 된다. 의사는 환자의 서사를 이해함으로써 더욱 효과적이고 개별화된 맞춤형 치료 계획을 수립할 수 있으며, 환자와 신뢰 관계를 한층 강화할 수 있다.

또한 '공감적 대화'는 의료 현장에서 문화적, 종교적 차이로 발생할 수 있는 다양한 장벽을 넘어서는 데 핵심적인 역할을 한다. 의료 현장에서도 의사와 다른 문화적 또는 종교적 배경을 가진 환자 사이에는 언어의 장벽, 가치관의 차이, 질병과 치료에 대한 인식 차이 등 보이지 않는 여러 '장벽'이 존재할 수 있다. 이러한 장벽을 효과적으로 극복하기 위해서는 의사가 먼저 환자의 입장을 이해하려는 진정성 있는 공감을 보이고, 환자가 자신의 생각, 감정, 우려, 그리고 문화적·종교적 신념을 안전하고 편안하게 표현할 수 있도록 개방적인 대화 환경을 조성해야 한다.

할레비가 팔레스타인인들의 다양한 답장을 책에 수록하여 그들의 목소리를 존중하려 했던 것처럼 의사 역시 환자의 목소리를 주의 깊게 경청하고 그들의 독특한 관점을 치료 과정에 적극적으로 반영하려는 노력이 필요하다. 이처럼 공감에 바탕을 둔 대화는 환자의 불안감을 줄이고 치료 과정에 대한 신뢰를 높이며, 궁극적으로 더 나은 치료 결과를 가져오는 데 기여할 수 있다. 의사는 환자의 문화적 특수성을 고려한 질문과 설명을 통해 오해의 소지를 줄이고 상호 이해의 폭을 넓혀야 한다.

마지막으로, 많은 환자에게 종교와 영성은 삶의 매우 중요한 부분을 차지하며, 이는 질병의 의미를 해석하고, 고통에 대처하며, 치료법을 선택하는 과정에 큰 영향을 미칠 수 있다는 점을 고려해야 한다. 할레비의 편지에는 유대교적 신앙과 정체성이 깊이 스며들어 있으며, 그는 종교가 분쟁 해결의 장애물이 아니라 오히려 잠재적인 열쇠가 될 수 있는지에 대한 질문을 던진다. 의사 또한 다양한 종교적, 영적 신념이 환자의 의료 선택(특정 치료법의 거부, 기도나 전통적·영적 치유 방식의 선호 등)에 어떻게 작용하는지 이해하고 이를 존중하는 자세를 가져야 한다. 환자의 신념 체계를 무시하거나 평가 절하하지 말고 그들의 가치관 안에서 최선의 의료 지원을 제공하려는 노력이 필요하다. 필요한 경우, 병원 내 종교 지도자나 영적 상담가와 협력하여 환자의 전인적 치유를 돕는 다학제적 접근을 모색하는 것이 문화적 감수성을 높이는 효과적인 방안이 될 수 있다.

할레비의 시도에 대한 평가는 엇갈린다. 일부 팔레스타인 독자들과 비평가들은 그의 편지가 여전히 시온주의적 관점에 깊이 기반하고 있으며, 팔레스타인인들이 겪는 고통의 깊이와 그들의 정당한 권리를 충분히 인정하거나 반영하지 못하고 있다고 비판한다. 예를 들어, 팔레스타인 작가 라자 샤하다는 할레비의 주장이 종교 언사로 치장되어 있으며, 팔레스타인인들은 이스라엘에 의해 신성화될 필요 없이 자신들의 운명을 스스로 결정할 권리를 원한다고 반박한다. 한 리뷰어는 할레비가 진정한 의미의 쌍방향 대화보다는 유대 민족의 이스라엘 전체 영토에 대한 역사적·종교적 권리를 설교하려는 의도가 더 강하게 느껴진다고 지적하기도 했다. 이러한 비판들은 이 책이 추구하는 상호 이해와 대화의 길이 얼마나 험난하고 복잡한지를 단적으로 보여준다.

『나의 팔레스타인 이웃에게 보내는 편지』는 극심한 정치적·문화적 갈등 상황에서도 상대방을 이해하고 공존을 모색하려는 용기 있는 대화의 시도로서, 의료 현장에서 다양한 문화적, 종교적 배경을 가진 환자들을 대하는 의사들에게도 중요한 성찰과 교훈을 제공한다. 이 책은 의사가 환자의 고유한 문화적 서사를 경청하고 존중하며, 공감을 바탕에 둔 진솔한 대화를 통해 상호 이해의 간극을 좁히고 깊은 신뢰 관계를 구축해야 할 필요성을 강조한다. 이러한 접근은 환자의 질병 경험을 더욱 심층적으로 이해하고, 문화적으로 민감하며 개별화된 치료 계획을 수립하는 데 필수적이다. 특히 환자의 종교적 또는 영적 신념이 그들의 건강 관념과 의료 결정에 미치는 중대한 영향을 인지하고, 이를 존중하는 태도를 견지하는 것은 환자 중심의 전인적 의료를 실현하는 데 핵심적인 요소로 작용할 수 있다.

할레비의 책은 비록 정치적 맥락에서 쓰였지만, 그가 보여준 타자에 대한 이해의 노력과 대화 의지는 의료인이 문화적 다양성을 존중하고 환자와 치료적 동반자 관계를 형성하는 데 귀중한 지침을 제공한다.

MMI 쟁점과 분석

'의사는 다문화에 대해 필수적으로 이해해야 할까?' 현대 사회는 다양한 문화 배경을 가진 사람들이 함께 살아가는 사회이며, 의료 현장 역시 이러한 흐름에서 예외일 수 없다. 따라서 의사에게 다문화에 대한 이해는 단순한 교양을 넘어 필수적인 전문 역량으로 간주되어야 한다. 『나의 팔레스타인 이웃에게 보내는 편지』가 제시하는 상호 이해와 소통의 접근법은 의사가 다른 문화 배경을 가진 환자를 대하는 데 중요한 시사점을 제공한다.

✚ 환자 중심 의료의 귀중한 전제

효과적인 치료는 환자와 의사 간의 신뢰 관계에서 시작되며, 이는 환자의 문화적 배경과 가치관에 대한 깊은 이해를 바탕으로 할 때 더욱 공고해진다. 할레비가 분쟁 해결의 출발점으로 서로의 역사, 존재, 그리고 각자의 정신적·정서적 연결성을 이해하고 인정하는 것을 강조했듯이, 의사 역시 환자가 가진 고유한 문화적 서사, 즉 질병과 건강에 대한 이해 방식, 종교적 신념, 과거 의료 경험 등을 존중하고 이해하려고 노력해야 한다. 이는 환자의 문화 정체성을 깊이 존중하고 이를 치료 과정에 통합하려는 문화적 감수성의 본질과 맞닿아 있다.

✚ '서사적 겸손'과 '공감적 대화'의 필요성

의료 현장에서 의사는 과학 지식과 권위에 기반한 '지배적 서사'를 전달하기 쉽다. 그러나 할레비가 자신의 서사를 전달하되 상대방 서사의 정당성을 인정하고 대화를 시도한 것처럼, 의사에게도 '서사적 겸손'이 필요하다. 즉 의학적 진실만큼이나 환자의 문화적 해석과 종교적 신념의 중요성을 인정하고 적극적으로 경청해야 한다는 것이다.

또한 할레비가 편지를 통해 물리적·심리적 장벽 너머의 이웃과 대화를 시도했듯이, 의사는 다른 문화적·종교적 배경을 가진 환자와의 언어, 가치관, 인식 차이라는 '보이지 않는 장벽'을 '공감적 대화'를 통해 극복해야 한다. 이를 통해 환자의 불안감을 줄이고 치료 과정에 대한 신뢰를 높일 수 있다.

✚ 종교 및 영적 신념에 대한 존중과 실제 적용

많은 환자에게 종교와 영성은 삶의 중요한 부분이며, 이는 질병의 의미 해석, 고통 대처, 치료법 선택에 큰 영향을 미칠 수 있다. 할레비의 편지에 유대교 신앙이 깊이 스며있듯, 의사는 다양한 종교적, 영적 신념이 환자의 의료 선택에 어떻게 작용하는지 이해하고 존중하는 자세를 가져야 한다. 환자의 신념 체계를 무시하기보다는 그들의 가치관 안에서 최선의 의료 지원을 제공하려고 노력해야 하며, 필요한 경우 병원 내 종교 지도자나 영적 상담가와 협력하는 다학제적 접근도 효과적일 수 있다.

✚ 치료 결과 및 환자 만족도 향상

다문화에 대한 이해는 궁극적으로 더 나은 치료 결과를 가져오고 환자의 만족도를 높인다. 환자의 문화적 특수성을 고려한 맞춤형 질문과 설명은 오해를 줄이고 상호 이해를 넓히며, 이는 환자가 치료 과정에 더욱 적극적으로 참여하도록 이끈다.

의사에게 다문화에 대한 이해는 단순한 배려를 넘어 정확한 진단, 효과적인 치료 계획 수립, 환자와의 신뢰 관계 구축, 그리고 윤리적인 의료 실천을 위한 필수 역량이다. 할레비가 보여준 타자에 대한 이해와 대화 의지는 의료인이 문화적 다양성을 존중하고 환자와 동반자 관계를 형성하는 데 중요한 지침을 제공한다.

저는 다문화에 대한 깊이 있는 이해는 의사가 가져야 하는 필수 역량이라고 생각합니다. 『나의 팔레스타인 이웃에게 보내는 편지』는 비록 이스라엘-팔레스타인 분쟁이라는 극한의 갈등 상황을 배경으로 하지만, 포괄적으로는 서로 다른 역사와 경험, 신념을 가진 이들이 어떻게 이해에 이를 수 있는지 그 가능성을 모색한다는 점에서 의료 현장에도 중요한 시사점을 준다고 생각합니다.

이 책에서 할레비는 자신의 역사와 신념을 진솔하게 전달하는 동시에, 상대방의 서사를 인정하고 경청하려고 노력합니다. 의사 역시 다양한 문화 배경을 가진 환자를 만날 때 환자 개개인이 가진 질병과 건강에 대한 고유 서사, 즉 문화적 이해 방식이나 종교적 신념 등을 존중하고 이해하려는 '서사적 겸손'의 자세가 필요하다고 생각합니다. 의학 지식만큼이나 환자의 문화적 맥락을 이해하는 것은 정확한 진단과 환자 중심의 치료 계획 수립에 필수적이기 때문입니다.

또한 이 책은 '공감적 대화'의 중요성을 강조합니다. 의료 현장에서도 언어나 문화 차이로 발생할 수 있는 오해와 장벽을 극복하기 위해서는 환자의 입장을 이해하려는 진정성 있는 공감의 태도와 환자가 자신의 생각과 우려를 편안하게 표현할 수 있는 대화 환경 조성이 중요합니다. 특히 환자의 종

교적 또는 영적 신념이 치료 결정에 미치는 영향을 인지하고 이를 존중하

는 것은 전인적 의료 실현의 핵심입니다.

따라서 의사에게 다문화에 대한 이해는 단순한 교양을 넘어 환자와 깊은

신뢰를 구축하고, 문화적으로 효과적인 의료 서비스를 제공하여 궁극적으

로 모든 환자에게 최선의 치료 결과를 가져다주기 위한 핵심적인 전문 역

량이라고 생각합니다.

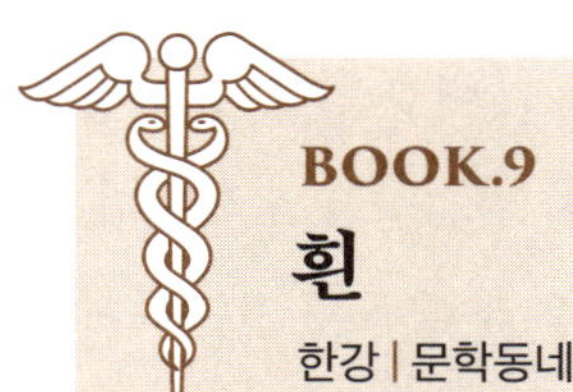

상실감을 스스로
치유하는 내면의 힘

소설가 한강의 『흰』은 전통적인 서사 구조를 벗어나 '흰색'이라는 하나의 색채와 그것으로 연상되는 다양한 사물, 기억, 감각 들을 섬세하게 엮어낸 명상적이고 시적인 작품이다. 이 책은 색에 대한 탐구를 넘어 삶과 죽음, 상실과 애도, 기억의 본질, 인간 존재의 연약함과 순수함 같은 근원적이고 심오한 주제를 깊이 있게 성찰한다.

작가는 태어나자마자 짧은 생을 마감한 화자의 언니에 대한 개인적인 슬픔과 기억을 중요한 모티프로 삼아 '흰색'이라는 상징적 매개를 통해 고통을 정면으로 응시하고 애도하며, 그 과정에서 삶의 의미를 되새기고 나아가 치유의 가능성을 모색한다. 이 작품의 독특한 접근 방식은 환자의 죽음과 슬픔을 빈번하게 마주하는 의료인들이 자신의 감정을 관리하고 내면을 돌보는 데 있어 중요한 시사점을 제공한다.

『흰』에서 '흰색'은 단일한 의미에 고정되지 않고 다층적이며 때로는 양가적인 상징성을 지닌다. 흰색은 탄생의 순간을 감싸는 배냇저고리에서부터 삶의 마지막을 덮는 수의에 이르기까지 삶과 죽음의 양극단을 연결하는 색으로 등장한다. 동시에 순수함, 빛, 새로운 시작을 의미하기도 하지만, 그 이면에는 상실, 비움, 고요함, 깊은 슬픔, 애도, 그리고 존재의 연약함 같은 무게감 있는 의미 또한 담고 있다. 작가는 눈, 소금, 옷, 빛, 숨, 달떡, 안개, 젖, 백발, 수의, 흰 나비 등 총 65가지의 '흰 것'들을 목록화하고, 각각의 대상을 통해 이러한 복합적인 상징성을 섬세하게 탐구해 나간다. "흰색은 태어날 때 입는 배냇저고리부터 죽음 이후에 입는 수의까지 삶과 죽음의 양 끝을 연결하는 중요한 색으로 등장한다"고 설명하며, "강보, 배내옷, 달떡, 안개 등 흰 것의 목록은 총 65개의 이야기로 파생"된다고 구체적으로 언급한다.

이러한 흰색의 이미지들을 따라가는 여정은 곧 상실과 애도의 과정과 깊이 연결된다. 화자는 태어나자마자 죽은 언니의 부재를 중심으로 개인적인 상실의 경험을 끊임없이 되새기며, 흰색의 다양한 이미지를 통해 슬픔을 애도하고 희미한 기억의 조각들을 더듬어 나간다. 여기서 글을 쓰는 행위 자체는 단순한 기록을 넘어, 능동적인 애도의 과정이자 상처 입은 마음에 바르는 "흰 연고, 거기 덮을 흰 거즈 같은 무엇인가"처럼 치유를 향한 간절한 시도로 나타난다.

작품은 죽음을 회피하거나 부정하는 대신, 그것을 삶의 본질적인 한 부분으로 받아들이고 정면으로 응시함으로써 오히려 삶의 연약함과 그로 인한 소중함을 깊이 깨닫게 한다. 죽음은 더 이상 공포의 대상이 아니라, 삶을 더욱 깊이 있게 이해하고 성찰하게 만드는 중요한 계기가 된다.

궁극적으로 고통스러운 기억과 감정들을 '흰' 단어들로 명명하고 글로 기록하는 행위를 통해 화자는 상실의 아픔을 정면으로 마주하고, 이를 통해 역설적으로 살아갈 힘과 의지를 얻으려 한다.

『흰』은 의사의 감정 관리에 대한 직접적인 지침을 제공하는 책은 아니지만, 슬픔과 애도를 다루는 방식과 그 성찰의 깊이는 환자의 죽음과 그로 인한 슬픔을 일상적으로 마주하는 의료인들에게 매우 중요한 간접적인 시사점을 제공한다. 의사는 환자의 죽음이나 그 가족의 깊은 슬픔에 직면했을 때 이 책의 화자가 그러하듯, 고통스러운 감정을 억누르거나 회피하기보다는 그것을 있는 그대로 인식하고, 언어화하거나 자신만의 방식으로 '애도'하는 과정을 통해 감정을 건강하게 처리하고 통합할 수 있는 지혜를 얻을 수 있다. 흰색이 상징하는 순수함, 비움, 정화, 그리고 그 속에서 다시금 발견되는 새로운 시작의 가능성처럼 깊은 슬픔 속에서도 삶의 의미를 찾고 내면의 평정을 회복하려는 인간적인 노력이 필요함을 이 작품은 조용히 암시한다. 이는 감정을 단순히 억누르거나 분출하는 것이 아니라, 깊은 성찰을 통해 관리하고 승화하는 성숙한 방식이다.

이러한 관점에서 『흰』과 같은 예술 작품을 접하는 것은 의사에게 애도의 '공간'을 제공하고 성찰의 필요성을 일깨워준다. 이 책은 상실과 슬픔이라는 복잡하고 어려운 감정을 직접적으로 분석하거나 그에 대한 명쾌한 해결책을 제시하기보다 흰색이라는 시적이고 상징적인 매개를 통해 독자가 그 감정들을 온전히 느끼고 그 안에 잠시 머무를 수 있는 내면의 공간을 열어준다.

의사는 직업 특성상 환자의 죽음과 유족의 슬픔을 반복적으로 경험한다. 이는 때로 감정의 소진burnout이나 공감 피로compassion fatigue로 이어질 수 있는 위험을 안고 있다. 『흰』과 같은 문학 작품을 통해 의사는 자신의 감정을 안전하게 탐색하고, 자신이 겪었던 슬픔들을 개인적인 경험으로 되돌아보며 성찰하고 충분히 애도할 수 있는 내면의 여유를 가질 수 있다. 이는 감정을 억압하거나 회피하는 대신, 건강하게 처리하고 자신의 일부로 통합하는 데 큰 도움을 줄 수 있다. 환자의 죽음과 슬픔을 효과적으로 다루기 위해서는 의사 자신의 감정을 먼저 돌보고 이러한 성찰의 과정을 거치는 것이 장기적으로 공감 능력을 유지하고 환자와 그 가족에게 더 나은 돌봄을 제공한다.

또한 '흰색'이 지닌 상징적 양가성은 슬픔이라는 감정의 복합적인 본질을 이해하는 데 도움을 준다.『흰』에서 흰색은 죽음, 상실, 슬픔, 공허함 등 어두운 측면뿐만 아니라 순수, 빛, 탄생, 치유(작가가 언급한 "흰 연고, 흰 거즈"처럼) 등 긍정적이고 희망적인 이미지와도 섬세하게 연결된다. 이는 슬픔이라는 감정이 단일한 어둠이나 절망으로만 구성된 것이 아니라, 그 안에 다양한 결을 포함하며, 때로는 깊은 성찰과 내적 성장의 중요한 계기가 될 수 있음을 시사한다.

의사는 환자의 죽음이나 그 가족의 깊은 슬픔을 마주할 때 절망감이나 무력감에 휘청거리지 말고, 그 고통스러운 경험 속에서도 인간적인 연결의 소중함, 삶의 의미에 대한 새로운 발견, 혹은 아주 작은 위안의 순간들을 함께 발견하려고 노력해야 한다. 흰색의 양가성이 보여주듯, 슬픔의 경험 안에도 빛과 어둠이 공존할 수 있음을 이해하는 것은 의사가 환자와 유족의 복잡다단한 감정을 더욱 깊이 있게 이해하고, 그들의 고통을 다루는 데 좀 더 섬세하고 다층적으로 접근할 수 있게 한다.

마지막으로, 이 작품에서 작가가 '흰 것'들의 목록을 만들고 그것에 대해 글을 쓰는 행위는 감정을 언어화하고 명명함으로써 처리하는 과정이 얼마나 중요한지를 보여준다. 의사들은 환자의 죽음이나 비극적인 의료 상황에서 강렬한 감정을 경험하지만, 바쁜 업무 환경이나 감정 표현을 자제하는 조직 문화 속에서 이러한 감정을 충분히 인식하고 처리하지 못한 채 내면에 쌓아둘 수 있다. 『흰』의 글쓰기 방식은 의사들에게 자신의 어려운 경험과 그로 인한 감정들을 일기, 글쓰기, 신뢰하는 동료와 나누는 대화, 혹은 슈퍼비전과 같은 다양한 형태로 '언어화'하고 '명명'하는 것이 치료적으로 가치 있음을 시사한다. 이러한 과정을 통해 막연하고 압도적으로 느껴졌던 감정들이 구체화되고 객관적으로 바라볼 수 있게 되면서 감정 조절과 심리 회복에 실질적인 도움을 받을 수 있다. 이는 단순히 감정을 분출하는 것을 넘어, 경험에 의미를 부여하고 지속적인 성장을 위한 성찰로 이어질 수 있는 중요한 과정이다.

『흰』은 그 자체로 슬픔과 애도의 과정을 깊이 있게 탐구하는 예술적 성찰이며, 환자의 죽음과 상실의 슬픔을 일상적으로 접하는 의료인들에게 자신의 감정을 건강하게 관리하고 내면을 돌보는 것이 얼마나 중요한지 강력하게 일깨운다. 이 작품의 명상적인 접근 방식과 흰색이라는 상징을 통해 드러나는 삶과 죽음, 상실과 치유에 대한 다층적인 이해는, 의료인이 슬픔의 복합성을 인지하고 고통 속에서도 의미와 회복의 가능성을 발견하도록 돕는 소중한 자원이 된다.

MMI 쟁점과 분석

'의사는 환자의 (신체적) 고통 외에 슬픔까지 챙겨야 할까?' 환자의 슬픔에 대한 의사의 역할은 현대 의료에서 중요한 논제로, 한강 작가의 『흰』은 이 문제에 대한 깊이 있는 성찰의 계기를 제공한다.

✚ 고통과 슬픔의 불가분성 인식

환자가 겪는 신체적 고통은 단순한 생리적 현상을 넘어 필연적으로 정신적이고 감정적인 고통, 즉 슬픔, 상실감, 불안, 절망 등을 동반한다. 따라서 환자를 전인격적으로 이해하고 치료하기 위해서는 이 두 가지를 분리하여 생각하기 어렵다. 『흰』에서 화자가 태어나자마자 죽은 언니에 대한 상실감과 슬픔을 '흰색'

이라는 매개를 통해 끊임없이 되새기고 애도하는 과정은, 환자
들이 질병이나 기능 상실로 인해 겪는 다양한 형태의 상실과 그
로 인한 슬픔을 이해하는 데 중요한 시사점을 준다.

✚ 전인적 치유 관점에서 의사의 역할 확대

의료의 궁극적인 목표는 질병 치료를 넘어 환자의 전반적인
안녕과 삶의 질 향상에 있다. 환자의 슬픔은 치료 과정에 대한
순응도, 회복 속도, 그리고 삶의 질에 중대한 영향을 미칠 수 있
다. 『흰』에서 고통을 정면으로 응시하고 애도하며 그 과정에서
삶의 의미를 되새기고 치유의 가능성을 모색하는 화자의 모습
은, 의사 역시 환자가 자신의 슬픔을 건강하게 다루고 이를 통해
내적 힘을 찾을 수 있도록 돕는 조력자 역할을 할 수 있음을 시
사한다.

✚ 공감적 소통과 정서적 지지의 가치

환자의 슬픔을 인지하고, 이에 공감하며 적절한 정서적 지지
를 제공하는 것은 환자와 신뢰 관계를 구축하는 데 필수적이다.
『흰』이 상실과 슬픔이라는 복잡하고 어려운 감정을 독자가 온
전히 느끼고 머무를 수 있는 내면의 공간을 열어주듯, 의사도 환
자가 자신의 감정을 안전하게 표현하고 이해받고 있다고 느끼

도록 도와야 한다. 이는 환자가 심리 안정을 찾고 치료에 더욱 적극적으로 임하게 하는 긍정적 효과를 가져올 수 있다.

✚ 슬픔의 다층적 의미 이해와 희망의 발견 지원

『흰』에서 '흰색'이 죽음, 상실, 슬픔 같은 어두운 측면뿐만 아니라 순수, 빛, 탄생, 치유 등 긍정적이고 희망의 이미지와도 연결되듯, 슬픔 또한 단일한 절망이 아니라 성찰과 성장의 계기가 될 수 있다. 의사는 환자가 슬픔이라는 고통스러운 경험 속에서도 인간적인 연결의 소중함이나 삶의 의미를 발견하도록 도울 수 있다.

✚ 의료인의 감정 관리와 한계 인식

환자의 슬픔에 공감하고 이를 돌보는 것은 의사에게도 상당한 감정 노동을 요구하며, 때로는 감정의 소진이나 공감 피로로 이어질 수 있다. 따라서 의사는 자신의 감정을 건강하게 관리하는 방법을 배우고, 필요한 경우 환자를 전문적인 심리 상담이나 지지 그룹에 연결하는 등 자신의 역할과 한계를 명확히 인지하는 것도 중요하다.

의사는 환자의 신체 고통뿐만 아니라 그와 깊이 연관된 슬픔에도 관심을 기울여야 한다. 이는 전인적 치유의 핵심 요소이며, 환자와 의사 간의 관계를 심화시키고 궁극적으로 더 나은 의료 결과를 가져오는 데 기여할 수 있다.

저는 의사가 환자의 신체 고통뿐만 아니라 그로 인해 파생되는 슬픔까지도 세심하게 살펴야 한다고 생각합니다. 질병으로 인한 상실감과 슬픔은 환자의 전반적인 회복과 삶의 질에 큰 영향을 미치기 때문입니다.

한강 작가의 소설 『흰』은 상실과 애도의 과정을 깊이 있게 탐구하며, 슬픔을 다루는 방식에 대한 중요한 통찰을 줍니다. 이 책에서 '흰색'이 죽음과 상실을 의미하는 동시에 빛, 순수, 치유의 가능성을 상징하듯, 환자의 슬픔 또한 단순한 고통을 넘어 성찰과 새로운 시작의 계기가 될 수 있다고 생각합니다. 의사는 환자가 이러한 감정을 건강하게 마주하고 그 안에서 의미를 찾도록 돕는 역할을 할 수 있습니다.

또한 『흰』에서 화자가 고통스러운 기억을 글로 명명하고 기록하는 행위가 일종의 치유의 시도로 나타나듯, 의사는 환자가 자신의 슬픔을 안전하게 표현하고 이해받고 있다고 느낄 때 치료에 더욱 적극적으로 임할 수 있도록 도울 수 있습니다.

따라서 의사는 환자의 이야기에 귀 기울여 슬픔에 공감하고, 정서적 지지를 제공하며, 필요하다면 전문적인 도움을 받을 수 있도록 안내하는 등 신체 치료를 넘어선 전인적 돌봄을 실천해야 한다고 생각합니다.

이상과 환상을 넘어 현실 의사의 진짜 이야기

의사의 길을 꿈꾸는 젊은 예비 의료인에게 의사이자 작가인 양성관이 쓴 『의사란 무엇인가?』는 단순한 직업 소개서를 넘어 깊은 성찰과 본질적인 질문을 던지는 한 권의 묵직한 나침반과 같은 책이다. 저자는 현직 의사로서 겪어온 생생한 경험을 바탕으로 우리가 흔히 접하는 화려한 의학 드라마의 이면, 즉 생과 사의 경계에서 끊임없이 고뇌하고 분투하는 의사의 진짜 모습을 담담하면서도 날카로운 시선으로 그려낸다.

이 책은 첫 장부터 마지막 장까지 독자에게 묻는다. 당신이 마음속에 그리고 있는 의사의 모습은 어떠한가? 첨단 의술을 능숙하게 펼치는 냉철한 기술자인가, 아니면 절망에 빠진 환자의 손을 잡아주는 따뜻한 치유자인가? 의사는 자신이 맡은 분야만 전문적으로 해결하는 스페셜리스트여야 하는가, 아니면 모든 분야를 두루 아는 제너럴리스타가 되어서는 안 되는가?

가정의학과 전문의로 소아과부터 외과까지 거의 모든 분야를 넘나들어온 저자는 수많은 환자와의 만남, 동료 의사들과의 복잡미묘한 관계, 그리고 의료 현장에서 매 순간 마주해야 했던 윤리적 딜레마들을 마치 한 편의 다큐멘터리처럼 펼쳐 보이며 의사라는 직업이 지닌 본질적 가치와 무거운 사회적 책임을 함께 탐색한다. 단순히 질병을 치료하는 것을 넘어, 한 인간의 삶 전체에 관여하게 되는 의사의 역할을 다각도로 조명하고 있는 것이다. 특히 책 곳곳에서 배어나오는 '인간'에 대한 깊은 이해와 애정은, 예비 의료인들에게 의학 지식을 쌓는 것만큼이나, 어쩌면 그보다 더 중요한 것이 무엇인지 깨닫게 하는 강력한 힘을 지닌다.

『의사란 무엇인가?』는 의대 진학을 꿈꾸는 학생들이 막연하게 가졌을지 모를 환상을 부드럽지만 단호하게 걷어낸다. 그리고 그 자리에 의사로서 실제로 감당해야 할 삶의 무게와 그 속에서만 발견할 수 있는 숭고한 직업적 보람을 현실적으로 제시한다. 질병과 벌이는 치열한 싸움, 생명의 존엄성에 대한 끊임없는 질문, 때로는 불합리하게 느껴지는 의료 시스템의 문제점, 그리고 그 모든 경험을 통해 이루어지는 의사 자신의 내면적 성장까지, 이 책이 다루는 주제는 결코 가볍거나 단순하지 않다.

특히 이 책의 백미는 저자가 2024년에서 2025년에 걸쳐 대한민국 사회를 뒤흔들었던 '의료 대란'의 본질을 필수의료에 종사하는 현직 의사의 입장에서 명쾌하게 정의 내린 부분이다. 저자는 이 현상을 '낙수 의사'라는 개념을 통해 설명하는데, 이는 단순한 인력 수급의 문제를 넘어 우리 의료 시스템의 구조적 모순, 의사의 소명의식과 현실적 보상 사이의 괴리, 그리고 필수의료 붕괴 위협에 대한 근본적인 질문을 던진다. 이러한 날카로운 분석은 예비 의료인들에게 앞으로 마주하게 될 의료 현장의 생생한 현실과 그 속에서 어떤 가치를 추구해야 할지에 대한 깊이 있는 고민을 안겨준다.

저자 특유의 따뜻하면서도 명료한 문체는 독자들이 이처럼 어렵고 복잡한 질문들에 스스로 답을 찾아가는 여정에 기꺼이 동참하도록 이끈다. 의대 입시를 위한 지식 습득과 성적 관리에 매진하는 것도 물론 중요하지만, 이 책을 통해 '나는 왜 의사가 되려고 하는가?' '나는 어떤 의사가 되고 싶은가?', 그리고 '우리 사회가 필요로 하는 의사는 어떤 모습인가?'라는 근본적인 물음에 진지하게 답을 찾는 시간을 가져보길 강력히 권한다. 그 고민의 깊이가 결국 예비 의료인을 단순한 의료 기술자가 아닌, 시대를 이해하고 환자와 공감하며 사회에 기여하는 더 좋은 의사, 나아가 더 나은 인간으로 성장시키는 소중한 밑거름이 될 것이기 때문이다. 이 책은 의사를 꿈꾸는 모든 이들에게 진정한 '의미'와 '방향'을 더해줄 것이다.

MMI 쟁점과 분석

'지원자는 공감하는 의사, 이해하는 의사의 자질을 갖고 있다고 생각하나요? 자신의 경험을 통해 이 자질을 설명해 보세요.'

이 질문은 지원자가 의사의 핵심 덕목인 '공감'과 '이해'의 차이와 연관성을 깊이 인지하고, 이를 자신의 구체적인 경험을 통해 증명할 수 있는지를 평가하려는 취지다. 성공적으로 답변하기 위해서는 다음과 같은 논리 구조를 따르는 것이 효과적이다.

✚ '공감'과 '이해'에 대한 자신만의 정의 내리기

답변의 서두에서 두 개념을 명확히 구분하고 정의함으로써 질문에 대해 깊이 이해하고 있음을 보여주는 것이 중요하다.

- **공감**empathy**:** 주로 감성적, 정서적 차원의 능력이다. 환자가 느끼는 아픔, 불안, 두려움과 같은 감정을 함께 느끼고, 그 감정 자체를 존중하며 따뜻한 지지를 보내는 자세를 의미한다.

- **이해**understanding**:** 주로 지성적, 분석적 차원의 능력이다. '환자의 질병'이라는 현상을 넘어 그 질병이 발생하게 된 개인적, 사회경제적, 문화적 맥락과 환자의 가치관, 그리고 그들이 처한 시스템적 문제까지 다각적으로 파악하려는 노력을 의미한다. 『의사란 무엇인가?』에서 다루는 '의료 대란'이나 '낙수 의사' 문제에 대한 통찰이 바로 이러한 '이해'의 영역에 속한다.

✚ 두 자질을 동시에 보여줄 수 있는 구체적 경험 선정

봉사활동 시간이나 피상적인 경험 나열은 지양해야 한다. 한 가지 경험을 제시하더라도 그 안에서 자신이 어떻게 '공감'했으며, 그 공감에서 한 걸음 더 나아가 어떻게 '이해'의 단계로 발전했는지 구체적인 과정으로 보여주는 것이 설득력을 높인다. 예를 들어, 아픈 사람을 보고 안타까워한 경험(공감)에서 그치지 않고, 그가 왜 아플 수밖에 없었는지, 혹은 왜 적절한 치료를 받지 못하는지에 대한 배경(가정환경, 사회 시스템 등)을 탐구하고 해결을 위해 노력한 경험(이해)을 제시하는 것이 좋다.

✚ 경험 서술의 구조화(STAR 기법 등 활용)

- **Situation/Task(상황/과제):** 어떤 경험이었는지 구체적인 상황을 설명한다.

- **Action(행동):** 그 상황에서 자신이 '공감'과 '이해'를 실천하기 위해 어떤 생각과 행동을 했는지 구체적으로 서술한다. '공감'의 측면과 '이해'의 측면을 명확히 나누어 설명하는 것이 효과적이다.

- **Result(결과/배운 점):** 그 경험을 통해 무엇을 배우고 느꼈는지를 이야기하되, '공감'에 '이해'가 더해졌을 때 진정한 도움을 줄 수 있다는 점을 깨달았다는 내용을 담는다.

✚ 『의사란 무엇인가?』와 같은 독서 경험과 연결하여 답변 심화

자신의 경험을 통해 얻은 깨달음을 『의사란 무엇인가?』와 같은 책 내용과 연결하여 답변의 깊이와 설득력을 강화한다. 예를 들어, "저의 경험은 양성관 작가가 『의사란 무엇인가?』에서 강조한, 단순히 질병을 치료하는 기술자를 넘어 환자의 삶 전체에 관여하는 치유자로서의 의사상과 맞닿아 있다고 생각했습니다" 처럼 연결할 수 있다. 이는 지원자가 의사의 역할에 대해 지속적으로 고민하고 성찰해 왔음을 보여주는 좋은 방법이다.

✚ 미래 의사로서 포부와 다짐으로 마무리

자신의 경험과 깨달음을 바탕으로 미래에 어떤 의사가 되고 싶은지에 대한 진솔한 포부를 밝히며 답변을 마무리한다. '공감'과 '이해'의 자질을 갖춘 의사가 되어 환자에게 실질적인 도움을 주고 싶다는 다짐을 보여주는 것이 좋다.

제가 생각하는 '공감하는 의사'는 환자의 아픔과 불안을 자신의 것처럼 느끼고 정서적으로 지지해 주는 사람이며, '이해하는 의사'는 그 아픔이 발생한 환자의 삶 전체의 맥락을 파악하고 근본적인 해결책을 함께 고민하는 사람이라고 생각합니다. 저는 이 두 가지 자질이 좋은 의사의 필수 덕목이라고 믿으며, 고등학교 시절 경험한 봉사활동을 통해 그 중요성을 깨달았습니다.

저는 지역 복지관에서 거동이 불편하신 한 어르신 댁을 주기적으로 방문하며 말벗이 되어드렸습니다. 처음에는 홀로 계시는 어르신의 외로움과 거동의 불편함에 마음으로 공감하면서 정서적인 위로를 드리는 데 집중했습니다. 하지만 대화를 나누면서, 어르신께서 당뇨 합병증이 심해지고 있음에도 병원 방문을 꺼리시는 이유가 단순히 몸이 불편해서만이 아니라 복잡한 의료 절차에 대한 두려움과 멀리 사는 자녀들에게 경제적 부담을 주기 싫어하시는 마음 때문이라는 것을 이해하게 되었습니다.

이 경험은 저에게 양성관 작가의 『의사란 무엇인가?』라는 책이 던지는 질문을 다시금 떠올리게 했습니다. 책에서는 의사가 단순히 질병을 치료하는 기술자를 넘어 환자의 삶 전체에 관여하는 '치유자'가 되어야 한다고 강조합니다.

저는 어르신의 혈당 수치뿐만 아니라 그분의 삶의 무게와 가치관을 이해하려는 노력이 선행되지 않고서는 진정한 도움을 드릴 수 없음을 깨달았습니다. 그 후 저는 어르신이 이용하실 수 있는 지역사회의 방문 진료 서비스나 의료비 지원 제도를 찾아 알려드렸고, 자녀분들과 소통하면서 어르신의 마음을 전달하는 작은 다리가 되고자 노력했습니다.

이 경험을 통해 저는 환자의 눈물을 닦아주는 따뜻한 공감 능력과 더불어, 그 눈물의 근원을 파헤쳐 실질적인 해결책을 모색하는 이성적인 이해의 능력이 모두 필요함을 절실히 느꼈습니다. 제가 의사가 된다면 눈앞의 질병뿐만 아니라 환자 한 분 한 분의 삶의 이야기까지 귀담아듣고, 그들의 삶 전체를 보듬는 '공감하고 이해하는 의사'가 되겠습니다.

CHAPTER 3

소통 능력

BOOK.11

그렇게 나는 다시 삶을 선택했다

최지은 | 유선사

죽음의 문턱에서 삶에게 전하는 말

『그렇게 나는 다시 삶을 선택했다』는 성공적인 금융 및 테크 업계 전문가로 치열하게 경력을 쌓아가던 저자가 37세라는 젊은 나이에 갑작스럽게 3기 암 진단을 받고 이후 4기로 진행되는 과정을 겪으며 죽음의 문턱에서 삶의 의미를 치열하게 성찰하고 다시 살아가기로 선택하는 과정을 진솔하고도 담담하게 담아낸 투병 에세이다.

이 책은 단순한 투병기를 넘어 삶과 일, 관계, 그리고 죽음에 대한 저자만의 생생한 철학을 담고 있으며, 극한의 절망 속에서도 희망과 유머를 잃지 않고 현재를 살아가려는 저자의 강인한 태도가 독자들에게 깊은 감동과 울림을 준다. 특히 저자가 암 진단이라는 '나쁜 소식'을 접하고 이를 수용해 나가는 과정에 대한 섬세한 묘사는 의료인이 환자에게 어떻게 어려운 소식을 전달하고, 이를 바탕으로 환자와 어떻게 소통해야 하는지에 대한 중요한 시사점을 제공한다.

책의 서두에서 저자는 의사에게 "Sorry to be the bearer of bad news but your life is about to change(나쁜 소식을 전하게 돼서 미안합니다. 당신 인생은 앞으로 큰 변화를 맞이할 것입니다)"라는 말을 듣는 순간, 자신이 알던 세상이 한순간에 무너져 내리는 경험을 생생하게 묘사한다. 저자는 37세에 처음 3기 암 진단을 받았고, 적극적인 항암 치료에도 결국 암이 전이되어 4기 암으로 진행되는 힘겨운 과정을 겪는다.

암 진단과 같은 충격적인 '나쁜 소식'은 환자에게 극도의 불신감, 깊은 절망감, 그리고 죽음에 대한 원초적인 두려움을 안긴다. 저자는 이러한 감정의 격랑 속에서 때로는 무너지고 때로는 분노하지만, 결국에는 파괴적인 감정의 홍수에서 빠져나오고, 피할 수 없는 두려움에 정면으로 맞서며 '현재를 살아가기로' 선택한다. 저자는 "죽음은 나를 한 번만 죽일 수 있지만 두려움은 나를 몇 천, 몇 만 번이고 갈기갈기 찢어서 죽일 수 있다"고 통찰하며, 두려움에 적극적으로 대응하고 선택하는 것이 얼마나 중요한지 강조한다. 이러한 과정은 "절망과 무력감, 자기 연민에 빠져 있다가도 문득 삶의 의지가 느껴지는 문장들"을 통해 감동적으로 전달된다.

특히 저자는 투병 과정에서 타인에게 받는 위로의 방식에 대해 중요한 지적을 한다. 막연하게 "다 괜찮아질 것이라는 이야기"는 오히려 자신을 더욱 외롭게 만들었다고 고백하며, 그보다는 현실을 인정하면서도 "잘 되든 잘 안 되든 끝까지 함께해 주겠다는 말"이 진정한 위로와 힘이 되었다고 술회한다. 이는 나쁜 소식을 접한 환자가 의료진이나 주변 사람들로부터 어떤 종류의 지지와 소통을 원하는지 명확하게 보여주는 대목이다.

삶과 죽음에 대한 깊은 성찰 또한 이 책의 중요한 축을 이룬다. 저자는 미래의 끝이 보이는 절망적인 순간에 이르러서야 과거에 대한 후회나 미래에 대한 막연한 걱정이 무의미해지고, 오로지 현재 이 순간, 눈앞의 사람과 자신이 할 수 있는 일에 집중하며 가장 즐거운 시간을 보내는 것이 중요해졌다고 말한다. 그리고 역설적이게도 죽음을 정면으로 인정하고 받아들이는 순간, 진정한 의미의 삶이 시작된다는 깊은 깨달음을 얻는다. 저자는 "죽음을 인정하는 순간 진짜 삶이 시작된다는 것이 내가 겪은 인생의 가장 큰 아이러니였다"고 고백하며, 유서를 쓴 이후의 모든 날이 보너스이자 선물처럼 느껴졌다고 말한다.

이러한 극한의 경험은 인간관계에 대한 인식도 새롭게 재편한다. 투병이라는 혹독한 과정을 통해 자신에게 진정으로 중요한 사람들이 누구인지 더욱 선명하게 인식하고, 그들과의 관계에 더욱 집중하며 의미 있는 시간을 보내려 노력하게 되었다고 저자는 고백한다.

최지은 작가의 경험은 의사가 환자에게 암 진단과 같은 매우 민감하고 충격적인 '나쁜 소식'을 전달할 때, 단순히 의학 정보를 건조하게 전달하는 것을 넘어서야 함을 강력하게 시사한다. 의사는 나쁜 소식을 전달하는 과정에서 환자가 겪을 극심한 충격을 충분히 고려하고, 이후 환자가 느낄 복잡한 심리 과정에 대한 깊은 이해와 지속적인 지지를 표현하는 것이 무엇보다 중요하다. 저자가 의사로부터 들었던 "당신 인성은 앞으로 큰 변화를 맞이할 것입니다"라는 말은 그 말을 전하는 의사의 태도, 어조, 그리고 그 이후 이어지는 소통의 질이 환자가 그 소식을 받아들이고 앞으로의 치료 여정에 임하는 데 결정적인 영향을 미칠 수 있음을 보여준다. 특히 근거 없는 낙관론이나 피상적인 위로보다는, 불확실한 미래지만 변함없이 함께하겠다는 진정성 있는 약속에서 큰 위로를 받았다는 저자의 말에서 의료인이 나쁜 소식을 전달하고 환자와 소통하는 방식에 대한 매우 구체적이고 실질적인 지침을 얻을 수 있다.

이러한 맥락에서 나쁜 소식을 전달할 때 '희망의 현실적 프레이밍 realistic framing of hope'과 '지속적 동반 continuous companionship'이라는 약속은 매우 중요한 요소로 부각된다. 저자는 "다 괜찮아질 것이라는 이야기"가 오히려 자신을 외롭게 만들었다고 회고하는데, 이는 환자가 직면한 심각한 현실을 간과하거나 축소하는 듯한 태도가 진정한 위로나 지지가 될 수 없음을 명확히 보여준다.

반면 "잘 되든 잘 안 되든 끝까지 함께해 주겠다는 말"이 큰 위로가 되었다는 저자의 경험은 환자가 처한 어려운 현실을 의료진이 함께 인지하고 있음을 보여주면서도, 그 험난한 여정에서 의사가 신뢰할 수 있는 지지자로서 곁을 지킬 것이라는 확신을 주는 것이 얼마나 중요한지 강조한다. 따라서 의사가 암 진단과 같은 나쁜 소식을 전할 때는, 치료의 불확실성을 솔직하게 인정하면서도 현재 가능한 최선의 치료 옵션들과 환자를 위한 지지 시스템에 대해 구체적으로 설명하고, 무엇보다 치료 여정 동안 환자와 함께하겠다는 진정성 있는 약속을 전달하는 것이 매우 중요하다. 이는 환자가 깊은 절망 속에서도 작은 희망의 끈을 붙잡고 적극적으로 치료에 임할 수 있는 심리적 동기를 부여하는 데 결정적인 역할을 할 수 있다. "당신 인생은 앞으로 큰 변화를 맞이할 것입니다"라는 진단 고지에 이어 "우리는 이 힘겨운 변화의 과정을 당신과 함께 헤쳐 나갈 것입니다"와 같은 따뜻하고 지지하는 메시지가 반드시 동반되어야 하는 이유다.

또한 의사는 나쁜 소식을 전달한 이후 환자가 겪게 될 복잡한 감정의 여정, 즉 충격, 두려움, 불신, 분노, 그리고 궁극적으로 수용에 이르는 과정에 대한 깊은 이해를 바탕으로 각 단계에 맞는 공감적 대응을 제공해야 한다. 저자는 암 진단 후 세상에 대한 극도의 불신과 죽음에 대한 원초적인 두려움을 경험했다고 생생하게 기술한다. 이는 나쁜 소식을 접한 환자들이 겪는 보편의 심리 반응이다.

의사는 환자가 겪는 이러한 복잡하고 때로는 모순으로 보이는 감정 변화의 스펙트럼을 충분히 이해하고, 각 단계에서 환자에게 필요한 정서적 지지와 정확한 정보를 맞춤형으로 제공해야 한다. 이는 의사가 단순히 의학 사실을 전달하는 것을 넘어, 환자가 자신의 격한 감정을 안전하게 표현하고 어려운 상황에 점진적으로 적응해 나갈 수 있도록 돕는 전문적인 상담자의 역할을 수행하는 것을 의미한다. 이러한 공감적 지지는 환자가 치료 과정에서 인간으로서 존엄성과 주체성을 잃지 않고 스스로 '삶을 선택'하도록 돕는 데 핵심적인 기여를 한다.

마지막으로 의사는 나쁜 소식을 전달한 후에 환자가 삶의 우선순위를 재조정하고 '현재 중심적 삶'을 살아가며 소중한 '관계를 재편'하려는 노력을 지지해야 한다. 저자는 미래의 끝이 보이는 절망적인 상황에 직면하자, 과거에 대한 후회나 미래에 대한 막연한 불안감이 무의미해지고 "오로지 지금 이 순간, 내 앞에 있는 사람과, 내가 할 수 있는 일을 하며, 가장 즐거운 시간을 보내는 것이 중요해졌다"고 고백한다. 또한 투병이라는 극한의 경험을 통해 자신에게 진정으로 소중한 사람들이 누구인지 더욱 명확하게 인식하게 되었다고 언급한다.

의사는 나쁜 소식을 전한 이후의 추적 진료 과정에서 환자가 이처럼 삶의 우선순위를 새롭게 정립하고 현재의 삶의 질에 더욱 집중하며 소중한 인간관계를 돌보는 것을 적극적으로 지지하고 격려하는 소통을 해야 한다. 이는 단순히 생존 기간 연장이라는 의학적 지표에 치료 목표를 두는 것이 아니라, 환자가 남은 시간 동안 가능한 한 의미 있고 만족스러운 삶을 영위할 수 있도록 돕는 전인적 접근holistic approach을 뜻한다. 의사는 환자가 이러한 삶의 가치와 의미를 재구성해 나갈 수 있도록 필요한 정보를 제공하고, 관련된 사회 자원이나 지지 그룹을 연결해 주는 역할까지 고려해야 한다.

『그렇게 나는 다시 삶을 선택했다』는 암 진단과 같은 중대한 '나쁜 소식'을 환자에게 전달하는 과정과 그 이후의 소통에서 의료진의 역할이 얼마나 결정적인지를 환자의 생생하고도 절절한 경험을 통해 강력하게 보여준다. 이 책은 의료인이 나쁜 소식을 전할 때, 의학 정보를 정직하고 명확하게 전달하는 동시에, 환자가 겪을 엄청난 충격을 최소화하고 그들의 고통에 깊이 공감하려는 노력이 필수적임을 강조한다.

특히 근거 없는 막연한 낙관론이나 피상적인 위로보다는 불확실한 상황 속에서도 환자와 끝까지 함께하겠다는 진정성 있는 약속과 지지를 통해 현실적인 희망을 제시하는 것이 무엇보다 중요하다는 교훈을 준다. 또한 환자가 진단 이후 겪게 될 복잡한 심리적 여정을 이해하고 이에 공감하며, 환자가 현재의 삶에 집중하고 소중한 관계 속에서 의미를 찾으며 살아갈 수 있도록 지지하는 섬세하고 인간적인 소통 방식이 강력히 요구됨을 역설한다.

이 책은 모든 의료인에게 환자의 목소리에 귀 기울이고, 그들의 고통과 희망에 진심으로 동행하는 역할이 얼마나 중요한지 일깨워주는 귀중한 성찰의 기회를 제공한다.

MMI 쟁점과 분석

'환자에게 나쁜 소식을 어떻게 전할 것인가?'는 의사에게 주어진 매우 중요하고도 어려운 역할이다. 『그렇게 나는 다시 삶을 선택했다』는 이러한 상황에서 의료인이 가져야 할 태도와 소통 방식에 대해 환자의 입장에서 깊은 통찰을 제공한다. 환자에게 나쁜 소식을 어떻게 전할 것인지에 대한 답변은 다음과 같은 구조로 구성할 수 있다.

✚ 준비 단계의 중요성 인식

나쁜 소식을 전하기 위한 적절한 시간과 사적인 공간을 확보한다. 환자가 혼자 듣기를 원하는지, 가족 등 지지자와 함께 듣기를 원하는지 미리 파악한다. 전달해야 할 의학적 정보(진단, 예후, 치료 옵션 등)를 명확히 정리하고 환자가 받을 심리적 충격에 대비한다.

✚ 환자의 현재 인식 수준 파악

대화를 시작하면서 환자가 자신의 상태에 대해 얼마나 알고 있고, 무엇을 예상하거나 걱정하고 있는지 먼저 질문하여 환자의 눈높이를 맞춘다.

✚ 명확하고 솔직한 정보 전달(공감적 태도 견지)

나쁜 소식은 환자에게 엄청난 충격을 준다. 따라서 어려운 의학 용어 사용을 최소화하고, 환자가 이해하기 쉬운 언어로, 단계적으로, 그리고 솔직하게 정보를 전달한다. 이때 의사의 어조와 태도가 매우 중요하다.

✚ 환자의 감정적 반응에 대한 공감과 지지

진단 내용을 들은 후 환자가 보일 수 있는 다양한 감정(충격, 불신, 분노, 슬픔, 두려움 등)을 충분히 표현하도록 시간을 주고 이에 대해 공감한다. 이 책의 저자가 지적했듯이 막연하게 "다 괜찮아질 것"이라는 말은 오히려 환자를 외롭게 만들 수 있으므로 피상적인 위로나 근거 없는 낙관론은 지양해야 한다.

✚ 현실적인 희망 제시와 지속적인 동반 약속

치료의 불확실성을 솔직하게 인정하면서도 가능한 최선의 치료 방법과 지지 시스템에 대해 설명하고, 무엇보다 의료진이 환자와 함께 이 어려운 과정을 헤쳐 나가겠다는 진정성 있는 약속과 지지를 전달하는 것이 매우 중요하다. 이는 환자가 절망 속에서도 작은 희망을 붙잡고 치료에 적극적으로 임할 수 있는 심리적 동기를 부여한다.

✚ 향후 계획 논의 및 추가 정보 제공

환자가 감정을 어느 정도 추스르면 앞으로의 치료 계획, 가능한 선택지, 그리고 환자에게 필요한 다양한 지원(심리 상담, 사회복지 연계 등)에 대해 함께 논의한다. 대화 내용을 요약해 주고, 환자가 언제든지 추가적인 질문을 할 수 있음을 안내한다. 환자가 삶의 의미를 재구성하도록 돕는 전인적 접근도 고려한다.

결론적으로 의사가 환자에게 나쁜 소식을 전달하는 순간은 환자와 깊은 신뢰와 공감을 바탕으로 이루어져야 하는 치료적 소통의 과정이다. 최지은 작가의 경험은 의사가 환자의 고통과 희망에 진심으로 동행하는 것이 얼마나 중요한지 생생하게 보여준다.

환자에게 암 진단과 같은 나쁜 소식을 전하는 것은 의사로서 매우 어렵고 무거운 책임감이 느껴지는 순간일 것입니다. 저는 『그렇게 나는 다시 삶을 선택했다』라는 책을 통해 환자들이 이러한 소식을 접했을 때 어떤 심정을 느끼고, 어떤 위로와 지지를 원하는지 깊이 생각해 보았습니다.

먼저, 조용하고 사적인 환경에서 충분한 시간을 갖고 환자분과 마주 앉겠습니다. 그리고 의학적 사실을 명확하고 솔직하게 전달하되, 최지은 작가님이 지적하신 것처럼 근거 없는 낙관론이나 피상적인 위로보다는 환자분이 앞으로 겪게 될 변화와 어려움을 함께 헤쳐 나가겠다는 진심을 전달하고 싶습니다.

특히 이 책에서 작가님이 가장 큰 힘을 얻었던 말이 "잘 되든 잘 안 되든 끝까지 함께해 주겠다"는 약속이었다는 점이 무척 인상적이었는데, 저 또한 충격과 슬픔, 두려움 등 모든 감정을 환자가 충분히 받아들이고 표현할 수 있도록 시간을 드리며, 치료 과정의 불확실성 속에서도 의료진이 항상 곁에서 지지하고 함께할 것이라는 믿음을 드리고 싶습니다. 또한 앞으로 진행될 치료 계획과 가능한 선택지들을 함께 논의하고, 환자가 현재의 삶에 집중하며 의미를 찾아가실 수 있도록 필요한 정보와 지원을 아끼지 않겠습니다.

정직한 소통과 진심 어린 공감, 그리고 변함없는 지지를 통해 환자가 어려운 상황을 받아들이고 스스로 '삶을 선택'해 나갈 수 있도록 돕는 것이 의사의 역할이라고 생각합니다.

불신당하는 말

데버라 터크하이머 | 교양인

권력 관계를 뛰어넘는
진정한 소통을 위하여

전직 검사이자 현재 노스웨스턴 대학교 로스쿨 교수로 재직 중인 데버라 터크하이머의 저서 『불신당하는 말』은 성폭력 고발 사건을 중심으로 우리 사회와 법률 시스템이 왜 피해자, 특히 여성 및 사회 소수자의 진술을 쉽게 믿지 않고 오히려 가해자를 보호하려는 경향을 보이는지 심층적으로 분석한 책이다. 저자는 '신뢰성 할인credibility discount'이라는 핵심 개념을 통해 우리 문화와 법 제도, 그리고 개인의 심리에 깊이 내재된 편견과 권력의 불균형이 어떻게 신뢰성 판단을 왜곡하고 피해자에게 이차 고통을 가하는지 예리하게 파헤친다. 이 책의 분석 틀은 비단 성폭력 사건뿐만 아니라, 권력 관계가 존재하는 다양한 사회적 상호작용, 특히 의료 현장에서 '비협조적'으로 여겨지는 환자의 태도를 이해하고 그들과 소통하는 방식에 대해서도 중요한 시사점을 제공한다.

터크하이머는 성폭력 같은 사건이 발생했을 때 피해자가 피해 사실을 고발하는 순간부터 법적인 유무죄 판단 이전에 사회적인 '신뢰성 재판credibility trial'이 시작된다고 주장한다. 그리고 이 보이지 않는 재판에서 여성 피해자에게 주어지는 기본적인 판단 값은 안타깝게도 '불신'인 경우가 많다고 지적한다.

사회는 종종 피해자의 고통스러운 경험을 축소하거나, 심지어 피해자에게 그 책임의 일부 또는 전부를 돌림으로써 기존의 사회 안정감이나 질서를 유지하려는 경향을 보인다. 저자는 "성폭력을 당했다는 주장이 우리의 안정감을 위협할 때 피해자에게 책임을 전가하려는 유혹이 압도적일 수 있다"라고 분석하면서 이러한 책임 전가가 어떻게 피해자를 더욱 고립시키는지 보여준다.

결과적으로 신뢰성 판단은 단순한 의견 교환을 넘어 막강한 '권력' 행사이며, 이 권력은 종종 기존의 권력 구조를 유지하고 강화하며, 피해자를 침묵시키고 가해자를 보호하는 방향으로 작동하는 경향이 있다고 저자는 비판한다.

터크하이머의 분석 틀을 의료 현장, 특히 치료를 거부하여 '비협조적'이라고 여겨지는 환자와의 소통 상황에 적용해 본다면 의사는 몇 가지 중요한 성찰적 질문을 스스로에게 던질 수 있다. 의사는 환자를 단순히 '비협조적'이라고 규정하고 낙인찍기 전에, 혹시 자신이 환자의 말을 충분히 신뢰하지 않는 건 아닌지, 무의식적으로 환자에게 '신뢰성 할인'을 적용하고 있지는 않은지 먼저 점검해야 한다.

환자가 치료를 거부하는 데에는 의사가 즉각적으로 알지 못하는 다양한 이유, 즉 과거의 부정적인 의료 경험으로 인한 불신, 치료 과정이나 부작용에 대한 극심한 두려움, 경제적 어려움, 문화적 또는 종교적 신념, 제공된 정보에 대한 불충분한 이해 등이 복합적으로 작용할 수 있다. 따라서 의사는 권위적인 태도를 내려놓고 환자가 자신의 생각, 감정, 우려를 솔직하고 안전하게 표현할 수 있도록 개방적이고 지지하는 대화 환경을 조성하는 것이 무엇보다 중요하다. 환자의 주체적인 결정을 존중하는 자세로 접근하며, 그들의 이야기를 진정으로 경청하고 이해하려는 노력이 선행될 때 비로소 건설적인 소통의 길이 열릴 수 있다.

이러한 관점에서 '비협조적 환자'라는 프레임 자체가 이미 의사와 환자 관계에서 '신뢰성 할인'이 작동하고 있을 가능성이 있다. 터크하이머가 지적하듯, 특정 집단의 발언은 사회적으로 신뢰성이 낮게 평가되는 경향이 있는데, 의료 현장에서도 '비협조적'이라고 쉽게 분류되는 환자들, 예를 들어 사회경제적으로 취약한 계층, 의료 지식이 상대적으로 부족하다고 여겨지는 환자, 혹은 의사의 권위에 순응적이지 않고 질문이 많은 환자들은 의사들이 무의식적으로 '신뢰성 할인'을 적용할 위험이 있다. 그들이 호소하는 증상의 심각성, 치료 거부의 이유, 또는 대안 요구 등이 충분히 진지하게 받아들여지지 않거나, 심지어는 환자의 예민함이나 불합리함으로 치부될 가능성이 있는 것이다. 따라서 의사는 환자가 치료를 거부할 때 이를 '비협조'나 '불순응'으로 규정하고 넘어가기 전에, 환자의 말에 담긴 진의와 맥락을 권위적인 태도나 편견 없이 듣고 이해하려는 노력을 최우선으로 기울여야 한다. 때로는 환자의 '비협조'가 의료 시스템 전반이나 특정 의료진에 대한 뿌리 깊은 '불신'의 표현일 수 있으며, 이는 과거의 부정적인 의료 경험이나 현재의 소통 부재에서 비롯되었을 가능성을 염두에 두어야 한다.

또한 의사와 환자 관계에 본질적으로 내재된 권력 불균형이 소통을 왜곡할 수 있다는 점을 인지하는 것이 중요하다. 터크하이머는 신뢰성 판단이 권력과 밀접하게 연관되어 있으며, 이 권력이 종종 기존의 사회 질서나 권력 구조를 유지하는 방향으로 작용한다고 분석한다.

의료 현장에서 의사는 전문 지식, 진단 및 치료 결정권, 그리고 사회적으로 권위를 가진 존재이며, 반대로 환자는 질병으로 인해 신체적, 정신적으로 취약한 상태에 놓이기 쉽다. 이러한 명백한 권력 구조 아래에서 의사는 자신도 모르게 환자 의견을 폄하하거나 자신의 전문적 판단이나 치료 계획을 정당화하고 관철하려는 경향을 보일 수 있다. 환자가 의학적 권고와 다른 의견을 제시하거나 치료를 거부할 때, 이를 의사의 전문성에 대한 도전으로 받아들이거나 환자의 무지나 비합리성 때문이라고 쉽게 단정 지을 위험이 있는 것이다. 따라서 의사는 자신의 권위적 위치를 항상 인지하고, 이러한 위치가 환자와의 소통 과정에서 발생시킬 수 있는 잠재적인 왜곡 가능성을 끊임없이 경계해야 한다. 환자가 자신의 의견, 두려움, 가치관을 위축되지 않고 자유롭게 표현하며, 치료 결정 과정에 진정으로 주체적인 파트너로서 참여할 수 있도록 수평적이고 개방적인 소통 환경을 적극적으로 조성해야 한다.

그렇다면 치료를 거부하는 환자와는 어떻게 소통해야 할까? 터크하이머의 책이 피해자의 말을 '듣는 것'이 얼마나 중요한지 역설하는 것처럼, 의사는 먼저 환자의 목소리에 귀를 기울여야 한다. 단순히 의학 정보를 반복적으로 설명하거나 환자를 설득하려 하기보다는 "왜 이 치료를 받고 싶지 않으신가요?" "이 치료에 대해 어떤 점이 가장 걱정되시나요?" "치료를 통해 무엇을 얻고 싶으신가요, 혹은 어떤 점을 가장 피하고 싶으신가요?"와 같은 개방형 질문을 통해 환자의 생각, 감정, 가치관, 숨겨진 두려움, 그리고 기대 등을 깊이 있게 탐색해야 한다.

환자의 관점을 충분히 이해한 후에는 환자와 의사 모두가 동의할 수 있는 '공동의 치료 목표'(절대적인 완치가 아니더라도 통증 완화, 특정한 신체 기능 유지, 삶의 질 향상 등)를 함께 설정하고, 그 목표를 달성하기 위해 다양한 현실적인 선택지를 장단점과 함께 논의해야 한다. 환자가 자신의 목소리가 존중받고 있으며 치료 결정 과정에 능동적으로 참여하고 있다고 느낄 때, 환자는 비로소 방어적인 태도에서 벗어나 좀 더 '협조적인' 파트너로 변화할 가능성이 열린다. 이는 환자의 자율성을 존중하는 핵심적인 윤리적 실천이기도 하다.

『불신당하는 말』은 의료인이 소위 '비협조적'으로 보이는 환자를 대할 때 환자의 말을 액면 그대로 받아들이고 그들의 입장을 진정으로 이해하려는 노력이 얼마나 중요한지를 강력하게 시사한다. 더 나아가 의사 자신의 잠재적 편견, 선입견, 그리고 권위적인 태도가 환자와의 소통에 미칠 수 있는 부정적인 영향에 대해 깊이 성찰해야 할 필요성을 일깨운다.

치료를 거부하는 환자와의 소통은 일방적인 설득이나 지시가 아니라, 상호 존중과 깊은 이해를 바탕으로 환자의 우려와 불안을 해소하고, 환자와 의료진이 함께 수용할 수 있는 공동의 치료 목표를 설정해 나가는 협력적인 과정이어야 한다. 환자의 '비협조'는 때로는 의료 시스템이나 기존의 소통 방식에 대한 누적된 불신의 표현일 수 있으므로 의사는 무엇보다 환자와 신뢰 관계 구축을 최우선 과제로 삼고, 환자가 자신의 치료 결정 과정에 진정한 주체로 참여할 수 있도록 적극적으로 지원하고 격려해야 한다.

이 책은 의료 현장에서 권력의 역학을 민감하게 인식하고 모든 환자의 목소리에 동등한 무게를 두는 윤리적 소통이 얼마나 중요한지를 강력하게 시사한다.

MMI 쟁점과 분석

'비협조적인 환자를 만난 의사는 환자에게 어떻게 다가가야 할까?' 의료 현장에서 소위 '비협조적'으로 보이는 환자를 만났을 때, 의사의 접근 방식은 치료 결과와 환자-의사 관계에 결정적인 영향을 미친다. 『불신당하는 말』에서 제시된 '신뢰성 할인'과 권력 불균형에 대한 분석은 이러한 상황을 이해하고 대처하는 데 중요한 시사점을 제공한다.

✚ 자기 성찰과 '신뢰성 할인'에 대한 점검

가장 먼저 의사는 환자를 '비협조적'이라고 낙인찍기 전에, 자신도 모르게 환자에게 '신뢰성 할인'을 적용하고 있지는 않은지 성찰해야 한다. 환자가 치료를 거부하거나 소극적인 태도를 보이는 데에는 의사가 즉각적으로 알지 못하는 다양한 이유, 즉 과거의 부정적 의료 경험, 치료에 대한 두려움, 경제적·문화적·종교적 신념, 정보 부족 등이 복합적으로 작용할 수 있음을 인지해야 한다.

✚ 권위 내려놓기와 안전한 소통 환경 조성

의사와 환자 관계에는 본질적으로 권력 불균형이 존재하며, 이는 소통을 왜곡할 수 있다. 따라서 의사는 권위적인 태도를 내려놓고 환자가 자신의 생각, 감정, 걱정을 솔직하고 안전하게 표현할 수 있도록 개방적이고 지지하는 대화 환경을 조성해야 한다.

✚ 적극적 경청과 진의 파악을 위한 노력

『불신당하는 말』이 피해자의 말을 '듣는 것'이 얼마나 중요한지 강조하듯, 의사는 먼저 환자 목소리에 진정으로 귀를 기울여야 한다. 단순한 의학 정보를 반복하거나 일방적인 설득보다 "왜 이 치료를 받고 싶지 않으신가요?" "이 치료에 대해 어떤 점이 가장 우려되시나요?"와 같은 개방형 질문을 통해 환자의 생각, 감정, 가치관, 숨겨진 두려움 등을 깊이 있게 탐색해야 한다. 때로는 환자의 '비협조'가 의료 시스템이나 소통 방식에 대한 뿌리 깊은 '불신'의 표현일 수 있음을 염두에 두어야 한다.

✚ 공동의 목표 설정과 협력적 관계 구축

환자의 관점을 충분히 이해한 후에는 일방적인 지시가 아니라 환자와 의사 모두가 동의할 수 있는 '공동의 치료 목표'를 함께 설정하고, 그 목표 달성을 위한 현실의 선택지들을 논의하는 과정이 필요하다. 환자가 자신의 의견이 존중받고 치료 결정 과정에 능동적으로 참여하고 있다고 느낄 때, 비로소 방어적인 태도에서 벗어나 좀 더 '협조적인' 파트너로 변화할 가능성이 열린다.

✚ 환자의 자율성 존중

궁극적으로 환자의 주체적인 결정을 존중하는 자세가 바탕이 되어야 한다. 의사의 역할은 정보를 제공하고 환자가 최선을 판단을 내릴 수 있도록 돕는 것이지만, 최종 결정은 환자의 몫임을 인정하고, 그 과정에서 환자를 지지하는 것이 중요하다.

비협조적으로 보이는 환자를 대할 때는 문제의 원인을 환자 개인에게 돌리기보다 의사 자신의 잠재적 편견을 성찰하고, 권력 불균형을 인지하며, 적극적인 경청과 공감을 통해 환자의 신뢰 관계를 구축하고 협력적인 파트너십을 형성하려고 노력해야 한다.

비협조적으로 보이는 환자를 만났을 때, 저는 먼저 그 환자를 '비협조적'이라고 단정하기보다 혹시 내가 무의식적인 선입견을 갖고 있거나 환자에게 '신뢰성 할인'을 적용하고 있지는 않은지 성찰하겠습니다.

그 후에는 『불신당하는 말』에서 터크하이머가 강조하듯, 환자의 목소리에 진정으로 귀 기울이는 것이 중요하다고 생각합니다. 저는 권위적인 자세를 내려놓고, 개방형 질문을 통해 환자가 왜 그렇게 느끼고 행동하는지 그 이면에 있는 생각, 두려움, 그리고 우려 사항들을 깊이 이해하려 노력하겠습니다.

환자의 말을 충분히 듣고 공감한 후에는, 환자와 제가 함께 동의할 수 있는 공동의 치료 목표를 설정하고, 치료 결정 과정에 환자가 주체적으로 참여할 수 있도록 지원하겠습니다.

치료 과정에서 일방적으로 환자를 설득하거나 환자에게 지시하지 않고, 상호 존중과 깊은 이해를 바탕으로 서로 신뢰 관계를 구축하여 환자가 마음을 열고 치료 파트너로 함께할 수 있도록 다가가는 것이 중요하다고 생각합니다.

BOOK.13

팀워크의 부활

패트릭 렌시오니 | 위즈덤하우스

팀워크를 만드는
핵심 원칙들

세계적인 경영 컨설턴트이자 리더십 전문가 패트릭 렌시오니의 저서 『팀워크의 부활』은 조직 내 팀이 기대만큼의 성과를 내지 못하게 만드는 다섯 가지 주요 기능 장애(또는 함정)를 흡입력 있는 우화 형식을 통해 명쾌하게 설명하고, 이를 극복하여 강력한 팀워크를 구축하기 위한 실질적인 모델과 구체적인 해결책을 제시하는 책이다.

이 책은 팀 내 신뢰 구축의 중요성, 건강한 갈등 관리의 기술, 결정 사항에 대한 진정한 헌신 유도, 동료 간의 건설적인 책임감 공유, 그리고 궁극적으로 팀 공동의 결과에 집중하는 문화 조성을 위한 핵심 원칙들을 다룬다. 비즈니스 환경을 배경으로 하지만 그 원리는 복잡한 다학제 협력이 필수적인 의료 현장의 팀워크 구축에도 매우 효과적으로 적용될 수 있다.

렌시오니는 기업이나 조직이 지속적인 경쟁 우위를 확보하는 힘의 근원은 뛰어난 재무 관리, 혁신 전략, 혹은 첨단 기술이 아니라 바로 강력한 '팀워크'에서 비롯된다고 단언한다. 저자는 "기업이 최고 수준의 경쟁우위를 유지해가는 힘은… 바로 팀워크에서 비롯된다"라고 명시하며 팀워크의 근본적인 중요성을 강조한다.

그는 효과적인 팀워크를 저해하는 다섯 가지 주요 기능 장애를 피라미드 형태로 제시하는데, 이들은 상호 밀접하게 연결되어 있어 하위 단계의 문제가 해결되지 않으면 상위 단계의 문제 또한 개선되기 어렵다고 설명한다. 다섯 가지 기능 장애는 다음과 같다.

• 신뢰의 부재 Absence of Trust

팀의 가장 근본적인 기능 장애로 팀원들이 서로에게 자신의 약점, 실수, 우려 등을 솔직하게 드러내지 못하고 심리적으로 방어적인 상태를 의미한다. 진정한 신뢰는 예측 가능성이나 능력에 대한 믿음을 넘어 서로의 의도가 선하다고 믿고 상처받을 수 있는 취약성을 드러낼 수 있을 때 형성된다.

• 갈등에 대한 두려움 Fear of Conflict

신뢰가 부족한 팀은 건설적인 의견 대립이나 열정적인 아이디어 토론을 회피하고, 대신 인위적이거나 피상적인 화합을 추구하는 경향을 보인다. 중요한 문제에 대한 솔직한 논쟁 없이 침묵하거나 간접적인 방식으로 불만을 표출한다.

• 헌신 부족 Lack of Commitment

팀원들이 중요한 결정 사항에 대해 충분한 토론과 의견 수렴 과정을 거치지 못했다고 느낄 때, 그 결정에 대한 진정한 동의buy-in와 실행 의지가 낮아지는 상태다. 명확성과 합의가 부족하여 결정이 모호해지고 책임 소재가 불분명해진다.

• 책임감 회피 Avoidance of Accountability

명확한 계획과 진정한 헌신이 없는 팀에서는 동료가 팀의 목표나 기준에 미치지 못하는 행동을 하거나 성과를 내지 못할 때, 이에 대해 책임을 묻거나 건설적인 피드백 주기를 주저한다. 어려운 대화를 회피하고 서로의 부족한 점을 용인한다.

• 결과에 대한 무관심 Inattention to Results

팀의 공동 목표 달성보다 개인적인 이익(경력 관리, 부서 이기주의, 개인적 인정)을 우선시하는 상태로, 팀 전체의 성공보다는 개인의 성공에 더 집중한다. 이는 앞선 네 가지 기능 장애의 최종 결과로 나타난다.

렌시오니는 이러한 각 기능 장애를 극복하기 위한 구체적이고 실천적인 전략과 함께, 팀 리더가 각 단계에서 수행해야 할 핵심 역할을 명확하게 제시한다. 예를 들어 신뢰 구축을 위해서는 리더가 먼저 자신의 취약점을 팀원들에게 솔직하게 드러내는 모범을 보여야 하며, 건설적인 갈등을 장려하기 위해서는 모든 의견이 존중받는 안전한 환경을 조성해야 한다고 강조한다. 저자는 각 역기능에 대한 해결책의 방향성을 간략히 언급하면서, 예컨대 "팀을 이끄는 매니저로서 좋은 예시를 먼저 보여라" 처럼 리더의 역할을 강조한다.

렌시오니가 제시하는 다섯 가지 기능 장애 모델은 다양한 전문 분야의 의료진들이 긴밀하게 협력해야 하는 다학제 의료팀이 직면할 수 있는 본질적인 어려움을 진단하고 이를 개선하는 데 매우 유용한 이론적 틀을 제공한다. 각기 다른 전문 지식, 경험, 직급, 그리고 때로는 서로 다른 직업 문화를 가진 의료진들이 하나의 팀으로 모일 때, 렌시오니가 지적한 기능 장애가 발생하기 쉽다. 예를 들어, 위계 문화 속에서는 하급자나 다른 직종의 전문가가 자신의 의견이나 실수를 솔직하게 이야기하기 어려워 '신뢰의 부재'가 나타날 수 있다. 또한 바쁜 진료 환경과 시간 제약 속에서 중요한 치료 결정에 대한 충분한 논의 없이 특정 권위자의 의견을 따르거나 '갈등을 회피'하려는 경향이 생길 수 있다.

이는 결국 치료 계획에 대한 팀원들의 '헌신 부족'으로 이어지고, 각자의 역할과 책임에 대한 '책임감 회피'를 낳으며, 궁극적으로는 개별 전문성의 발휘에만 집중하고 팀 공동의 목표인 '환자 중심의 최적 치료 결과 달성'에는 무관심해지는 상황을 초래할 수 있다. 따라서 렌시오니 모델을 다학제 의료팀에 적용함으로써 팀은 환자 안전 증진과 치료의 질 향상이라는 공동의 결과를 위해 좀 더 효과적이고 응집력 있게 협력할 수 있는 견고한 기반을 마련할 수 있다.

이러한 맥락에서 다학제 의료팀 내 '심리적 안전감psychological safety'에 기반한 신뢰 구축은 효과적인 팀워크의 가장 근본적인 선결 조건이다. 렌시오니 모델의 첫 번째이자 가장 기초적인 기능 장애는 바로 '신뢰의 부재'이며, 여기서 '신뢰'란 팀원들이 자신의 약점이나 실수, 도움이 필요한 부분을 인정하고 서로에게 솔직하게 드러낼 수 있는 취약성vulnerability에 기반한다.

다학제 의료팀은 다양한 전문 분야(의사, 간호사, 약사, 물리치료사, 사회복지사 등)와 다양한 직급의 구성원들로 이루어져 있어, 직종 간 또는 직급 간 위계질서가 존재할 가능성이 높다. 이러한 위계는 자유로운 의견 개진을 어렵게 만들거나 실수를 인정했을 때 받을 수 있는 비난이나 불이익에 대한 두려움을 야기하여 심리적 안전감을 저해할 수 있다. 따라서 효과적인 다학제 팀워크를 위해서는 모든 팀원이 자신의 전문 소견, 환자에 대한 우려, 심지어 자신이 저지른 실수까지도 안전하게 이야기하고 논의할 수 있는 '심리적 안전감'을 팀 내에 조성하는 것이 신뢰 구축의 핵심이다.

이는 특히 환자의 안전과 직결되는 민감한 문제에 대해 솔직하고 신속하게 소통하는 데 매우 중요하다. 팀 리더는 이러한 문화를 조성하기 위해 먼저 솔선수범하여 자신의 한계나 불확실성을 인정하고, 다른 직종의 전문가 의견을 적극적으로 경청하며 존중하는 태도를 보여야 한다. 또한 실수가 발생했을 때 개인을 비난하기보다는 시스템 안에서 원인을 분석하고, 이를 통해 배우려는 학습 지향의 문화를 만들어야 한다.

다음으로 '건강한 갈등healthy conflict'을 통해 최적의 환자 치료 계획을 도출하는 것이 중요하다. 렌시오니는 '갈등에 대한 두려움'을 두 번째 기능 장애로 지적하며, 피상적인 화합보다는 아이디어에 대한 열정적이고 건설적인 논쟁이 궁극적으로 더 나은 결정과 강력한 실행으로 이어진다고 주장한다. 다학제 의료팀에서는 각 분야의 전문가들이 환자 상태와 치료 방법에 대해 각기 다른 관점과 지식, 경험을 가지고 있을 수밖에 없다. 이러한 다양한 의견이 충분히 표출되고 심도 있게 논의되지 않은 채, 특정 분야의 권위자 의견만이 일방적으로 받아들여지거나 잠재적인 갈등을 피하기 위해 중요한 문제에 대해 침묵한다면 환자를 위한 최적의 치료 계획을 수립하기 어렵다. 따라서 팀 리더는 다양한 직종의 전문가들이 자신의 의견을 자유롭게 제시하고, 서로 다른 관점들을 건설적으로 논쟁하며 최선의 합의점을 찾아갈 수 있는 안전하고 개방적인 환경을 조성해야 한다.

이러한 '건강한 갈등'은 단순한 의견 교환을 넘어, 각 주장의 근거와 논리를 면밀히 검토하고, 잠재적인 위험 요소를 사전에 식별하며, 좀 더 창의적이고 환자 중심적인 치료법을 모색하는 데 결정적으로 기여한다. 이는 환자 안전을 강화하고 치료 효과를 극대화하는 데 필수 과정이다.

마지막으로 다학제 의료팀을 효과적으로 운영하기 위해서는 명확한 '역할 분담과 책임감accountability' 그리고 '공동의 결과results'에 대해 반드시 집중해야 한다. 렌시오니 모델의 후반부 기능 장애는 바로 '책임감 회피'와 '결과에 대한 무관심'이다. 다학제 의료팀에서는 각 직종의 역할과 책임 범위가 명확하게 정의되고 공유되어야 하며, 각 팀원은 자신이 맡은 바에 대해 주도적으로 책임 지는 문화가 정착되어야 한다. 더 나아가 개별 직종의 전문성이나 성과 혹은 부서의 목표가 아니라, 팀 전체의 공동 목표인 '환자의 긍정적인 치료 결과'와 '환자 경험 향상'에 모든 팀원의 노력이 집중되어야 한다.

이를 위해서는 치료 계획을 수립하고 실행하는 과정에서 각 직종의 구체적인 역할과 책임을 명시하고, 정기적인 다학제 컨퍼런스나 환자 사례 검토 회의 등을 통해 진행 상황을 투명하게 공유하며 서로에게 건설적인 피드백을 제공하고 책임을 묻는 과정이 필요하다. 또한 팀의 성과를 측정하고 공유하며, 성공 사례는 함께 축하하고 미흡한 부분은 공동으로 개선 방안을 모색하는 문화를 통해 팀 전체가 공동의 결과에 집중하도록 유도해야 한다. 이러한 과정은 팀원들이 어려운 문제를 함께 직면하고 해결하며 서로를 더욱 신뢰하게 만드는 선순환을 가져올 것이다.

MMI 쟁점과 분석

'의학은 다학제적 학문으로서 타 분야(공학, 약학, 생명과학 등)와 어떻게 협력해야 할까?' 현대의 의학 발전은 단일 학문의 영역을 넘어서 다양한 분야와 융합하면서 가속화되고 있다. 공학, 약학, 생명과학, 정보통신기술ICT, 인공지능AI 등 타 분야와의 효과적인 협력은 질병 진단, 치료, 예방 및 환자 관리 전반에 걸쳐 혁신을 가져올 수 있다.

『팀워크의 부활』은 조직 내 팀의 기능 장애를 다루지만, 그 원리들은 의학이 타 분야와 성공적인 협력 관계를 구축하는 데 중요한 시사점을 제공한다.

✚ 협력의 필요성 및 공동 목표 설정의 중요성

왜 타 분야와 협력해야 하는지에 대한 명확한 인식이 전제되어야 한다. 이는 단순히 기술 도입을 넘어 환자 중심의 가치 창출, 의료의 질 향상, 난치병 극복 등 구체적인 공동 목표를 설정하는 것으로 이어진다. 렌시오니가 '결과에 대한 무관심'을 팀의 기능 장애로 지적했듯이, 각 분야는 개별 성과가 아닌 협력을 통해 팀이 달성하고 싶은 '공동의 결과'에 집중해야 한다.

✚ 상호 신뢰와 존중 기반의 파트너십 구축 ('신뢰의 부재' 극복)

효과적인 다학제 협력의 가장 근본적인 조건은 각 분야 전문가들 간의 상호 신뢰와 존중이다. 렌시오니 모델에서 '신뢰의 부재'는 팀원들이 서로에게 약점이나 실수를 솔직하게 드러내지 못하는 상태를 의미하는데, 이는 타 분야와의 협력에서도 작용될 수 있다. 의학 분야는 타 분야의 전문성을 인정하고, 그들의 지식과 방법론을 존중하며, 열린 마음으로 소통하려는 자세가 필요하다. 각 분야가 자신의 한계와 강점을 솔직히 공유하고 서로의 기여를 인정하는 '심리적 안전감'이 브장될 때 진정한 협력이 가능하다.

✚ 건설적인 갈등을 통한 혁신적 아이디어 도출 ('갈등에 대한 두려움' 극복)

서로 다른 지식 체계와 접근 방식을 가진 분야들이 협력할 때 의견 차이나 갈등은 필연적으로 발생한다. 렌시오니는 '갈등에 대한 두려움'을 기능 장애로 지적하면서 피상적인 화합보다는 아이디어에 대한 열정적이고 건설적인 논쟁이 더 나은 결정으로 이어진다고 주장한다. 의학은 타 분야와 협력하는 과정에서 발생할 수 있는 다양한 관점의 충돌을 두려워하지 않고, 이를 창의적이고 혁신적인 해결책을 모색하는 '건강한 갈등'으로 승화해야 한다. 이는 정기적인 공동 회의, 자유로운 토론 문화 조성 등을 통해 가능하다.

✚ 명확한 역할 분담, 공동의 헌신, 상호 책임감 ('헌신 부족' '책임감 회피' 극복)

협력 프로젝트가 성공하기 위해서는 각 분야의 역할과 책임 범위가 명확하게 정의되고 공유되어야 한다. 이를 통해 모든 참여자가 공동의 목표 달성에 진정으로 '헌신'하도록 유도해야 한다. 또한 각 분야는 맡은 역할에 대해 책임을 지고, 진행 상황을 투명하게 공유하며, 서로에게 건설적인 피드백을 제공하고 책임을 물어야 한다. 이는 렌시오니가 지적한 '책임감 회피'를 방지하고, 문제 발생 시 공동으로 해결책을 찾는 데 기여한다.

✚ 지속적인 소통과 학습 문화 조성

타 분야와 효과적으로 협력하기 위해서는 각 분야의 언어와 사고방식을 이해하려는 지속적인 노력이 필요하다. 공동 연구, 학제 간 교육 프로그램, 워크숍 등을 통해 서로 배우고 이해의 폭을 넓히는 학습 지향적인 문화를 만들어야 한다.

이처럼 의학이 타 분야와 성공적으로 협력하려면 렌시오니가 제시한 팀워크의 다섯 가지 핵심 원칙을 지켜야 한다. 이를 통해 의학은 과학기술 발전을 적극적으로 수용하고 미래 의료의 혁신을 주도하여, 마침내 환자에게 더 나은 가치를 제공하게 될 것이다.

현대 의학은 질병의 복잡성 증가와 기술 발전으로 모든 문제를 단독으로 해결하기 어렵습니다. 공학, 약학, 생명과학 등 타 분야와 적극적으로 협력해야 한다고 생각합니다.

『팀워크의 부활』에서 저자 패트릭 렌시오니는 성공적인 팀은 다섯 가지 기능 장애를 극복해야 한다고 강조했습니다. 저는 이 원리가 의학이 타 분야와 협력하는 방식에도 중요하게 적용될 수 있다고 생각합니다.

첫째, 상호 신뢰와 존중입니다. 각 분야의 전문성을 깊이 신뢰하고, 서로의 지식과 경험을 투명하게 공유하며 공동의 목표를 향해 나아가야 합니다. 이는 렌시오니가 말한 '신뢰의 부재'를 극복하는 첫걸음입니다.

둘째, 건설적인 갈등을 통한 최적의 솔루션 도출입니다. 다양한 관점의 충돌은 자연스러운 것이며, 이를 '갈등에 대한 두려움' 없이 솔직하게 논의함으로써 더욱 혁신적이고 환자 중심적인 해결책을 찾을 수 있습니다.

셋째, 공동의 결과에 대한 집중입니다. 각 분야의 개별 성과보다는 협력을 통해 달성하고자 하는 '환자 치료 결과 향상'이나 '서로운 의학적 난제 해결'이라는 공동 목표에 모든 역량을 집중해야 합니다. 이는 렌시오니가 지적한 '결과에 대한 무관심'을 경계하는 것입니다.

결론적으로 의학은 타 분야와 협력할 때 렌시오니가 제시한 팀워크의 원칙

들, 즉 깊은 신뢰를 바탕으로 건설적으로 소통하고, 공동의 목표에 헌신하

며, 상호 책임을 다하고, 궁극적인 결과에 집중하는 자세를 견지함으로써

더욱 발전하고 인류 건강 증진에 크게 기여할 수 있다고 생각합니다.

BOOK.14

페이크와 팩트

데이비드 로버트 그라임스 | 디플롯

인지 편향과 논리 오류를 뛰어넘어 팩트의 세계로

물리학자이자 암 연구가, 과학 저널리스트로 활동하는 데이비드 로버트 그라임스의 저서 『페이크와 팩트』는 현대 사회에 만연한 가짜뉴스, 탈진실 현상, 그리고 다양한 형태의 비합리적 믿음이 어떻게 개인과 사회를 위험에 빠뜨리는지를 방대한 사례와 과학적 분석을 통해 파헤치는 책이다.

저자는 인간이 스스로 합리적이라고 생각하지만 실제로는 다양한 인지 편향과 논리 오류에 얼마나 취약한지를 보여주며, 이러한 인간 사고의 결함이 잘못된 정보, 특히 의료 관련 허위 정보의 확산을 어떻게 촉진하는지 경고한다.

이 책은 독자들에게 비판적 사고 능력과 과학적 회의주의를 갖출 것을 촉구하며, 그럴듯한 '페이크'에 맞서 명확한 '팩트'에 기반하여 사고하고 판단하는 논리적 무기를 제공한다.

그라임스는 인간이 스스로를 '만물의 영장'이라 칭하며 합리성을 자부하지만, 실제로는 다양한 논리 오류와 인지 편향에 쉽게 빠져 때때로 '멍청한' 결정을 내린다고 주장한다. 그는 인류가 이룩한 문명 발전의 이면에는 수많은 실수와 잘못된 판단의 역사가 존재하며, 이는 인간 뇌의 뛰어난 능력과 동시에 그 한계에서 비롯된다고 분석한다. 특히 무작위 사건에서 패턴을 찾으려 하거나 자신의 신념을 지지하는 정보만을 선택적으로 수용하는 확증 편향 등이 대표적이다.

이 책은 총 6부로 구성되어 있으며, 삼단논법의 오류부터 시작하여 잘못된 인과관계 추론, 권위에의 호소 오류, 왜곡된 기억과 지각, 통계의 오용, 그리고 현대 사회의 가장 큰 문제 중 하나인 가짜뉴스와 탈진실 현상에 이르기까지 인간이 저지르기 쉬운 다양한 사고의 함정을 구체적인 역사 사례와 시사 이슈들을 통해 상세히 설명한다. 예를 들어, 마오쩌둥 시대 중국의 제사해 운동(참새 박멸 운동)이 초래한 생태 재앙은 잘못된 정치적 삼단논법의 비극적 결과를 보여주며, 비타민 C 만능설이나 백신에 대한 막연한 공포 등은 과학적 근거가 부족함에도 권위나 감정에 호소하여 대중에게 강력한 영향을 미치고 있다.

저자는 특히 현대 사회에서 SNS와 알고리즘이 정보 편식을 심화시키고 개인의 세계관을 더욱 편향되게 만드는 '반향실 효과echo chamber'를 경고하며, 이로 인해 가짜뉴스와 탈진실이 더욱 기승을 부리고 사회 양극화가 심화된다고 지적한다. 또한 언론이 기계적 중립을 지키려다 오히려 허튼소리나 잘못된 주장에 정당성을 부여하는 '거짓 균형false balance'의 문제점도 비판한다.

결과적으로 그라임스는 이러한 비합리성에 대항하기 위해 과학적 방법론과 건강한 회의주의, 그리고 비판적 사고 능력을 갖추는 것이 무엇보다 중요하다고 역설한다. 그는 진실을 사랑하되 오류를 수용하는 열린 자세, 그리고 증거에 기반하여 주장을 평가하는 능력이 개인의 행복뿐만 아니라 전 지구적 문제 해결에도 필수적이라고 강조한다.

『페이크와 팩트』는 가짜뉴스와 허위 정보가 넘쳐나는 현대 사회, 특히 의료 분야에서 이러한 정보들이 의사와 환자 모두에게 얼마나 심각한 위험을 초래할 수 있는지를 명확하게 보여준다. 의사는 환자에게 정확한 의학 정보를 전달하고 최선의 치료를 제공해야 할 책임이 있지만, 환자들이 검증되지 않은 가짜뉴스나 감성적 호소에 기반한 허위 정보에 깊이 노출되어 있을 경우,

이러한 의사의 전문적 역할 수행은 심각한 도전에 직면한다. 가짜뉴스는 의사의 진단과 치료 계획에 대한 환자의 불신을 조장하고, 비과학적인 대안 요법에 대한 맹신을 부추기며, 심지어는 공중 보건에 심각한 위협을 가하는 집단 행동(백신 접종 거부)을 야기할 수 있다. 따라서 의사에게 가짜뉴스는 단순한 정보의 오류를 넘어 환자의 건강과 생명을 위협하고, 의사-환자 간 신뢰 관계를 손상시키며, 의료 시스템 전체의 효율성을 저해하는 실질적인 위험 요소다.

이러한 위험성에 대처하기 위해 의사는 먼저 인간이 얼마나 쉽게 인지 오류와 편향에 빠질 수 있는지 깊이 이해해야 한다. 그라임스가 지적하듯, 사람들은 종종 자신의 기존 신념을 강화하는 정보만을 선택적으로 받아들이는 '확증 편향confirmation bias'을 보이거나, 전문가나 권위자의 말이라고 해서 무비판적으로 수용하는 '권위에의 호소 오류appeal to authority fallacy'에 취약하다. 이는 의료 현장에서 환자가 인터넷이나 SNS에서 접한 잘못된 의학 정보를 의사의 전문적인 소견보다 더 신뢰하는 상황으로 이어질 수 있다. 예를 들어, 특정 질병에 대한 음모론이나 특정 식품 또는 대체의학의 기적적인 효과를 주장하는 가짜뉴스는 과학적 근거가 부족함에도 환자들에게 강력한 영향을 미칠 수 있다. 의사는 이러한 환자의 심리를 이해하고, 단순히 정보를 반박하는 것을 넘어 환자가 왜 그러한 정보를 믿게 되었는지 그 배경을 파악하려고 노력해야 한다.

또한 그라임스가 강조하는 '거짓 균형'의 문제는 의사가 의료 정보를 전달할 때 경계해야 할 중요한 함정이다. 과학적으로 명백히 입증된 사실과 근거 없는 주장을 동등한 비중으로 다루는 것은 환자에게 혼란을 일으키고 환자의 잘못된 판단을 유도할 수 있다. 예를 들어, 백신의 효과와 안전성에 대한 압도적인 과학적 증거가 있음에도 백신 반대론자들의 주장을 마치 동등한 과학 논쟁의 한 축인 것처럼 소개하는 것은 매우 위험하다. 의사는 환자에게 정보를 전달할 때 각 주장의 과학적 근거의 무게에 비례하여 정보를 제공하고, 명확한 증거가 있는 쪽과 그렇지 않은 쪽을 분명히 구분하여 설명해야 한다. 이는 환자가 정보의 홍수 속에서 옥석을 가리고 합리적인 결정을 내릴 수 있도록 돕는 의사의 중요한 책임이다.

가짜뉴스와 의료 허위 정보에 효과적으로 대응하기 위해 의사는 비판적 사고 능력과 과학적 소양을 지속적으로 함양해야 한다. 그라임스는 과학적 방법론과 건강한 회의주의가 헛소리에 대항하는 가장 강력한 무기라고 주장한다. 의사 스스로도 새로운 의학 정보나 연구 결과를 접할 때 항상 비판적인 시각으로 검토하고, 출처의 신뢰성, 연구 방법론의 타당성, 결과의 일반화

가능성 등을 꼼꼼히 따져보아야 한다. 또한 환자들이 가져오는 다양한 정보에 대해 열린 마음으로 경청하되, 과학적 근거에 기반하여 잘못된 부분을 명확히 지적하고 정확한 정보를 제공할 수 있는 능력을 갖추어야 한다. 이는 환자와 신뢰를 구축하고, 환자가 정보에 입각한informed 의사 결정을 내릴 수 있도록 지원하는 데 필수적인 소양이다.

궁극적으로 의사는 단순한 정보 전달자를 넘어, 환자들이 정보의 진위를 분별하고 비판적으로 사고할 수 있도록 돕는 '교육자'이자 '안내자'로서 역할을 수행해야 한다. 『페이크와 팩트』는 "우리가 우리 안의 편향과 막연한 공포를 극복하고 과학적 방법들을 더 잘 이해한다면 올바른 의사 결정은 물론 사회와 개인 모두에게 큰 이익을 가져다줄 것"이라고 주장한다. 의사는 환자들이 이러한 능력을 키울 수 있도록 돕고, 가짜뉴스가 개인의 건강과 사회 전체에 미치는 위험성을 적극적으로 알림으로써, 좀 더 건강하고 합리적인 의료 환경을 조성하는 데 기여해야 할 것이다.

MMI 쟁점과 분석

'의사가 환자에게 잘못된 정보를 전했다는 것을 나중에 알았을 때, 이 문제를 어떻게 해결해야 할까?' 이를 해결하는 과정은 의사의 윤리적 책임감, 정직성, 그리고 환자와의 신뢰 관계를 회복하고 유지하는 능력에 대한 중요한 시험대라 할 수 있다.『페이크와 팩트』는 인간이 인지 편향과 논리 오류에 취약하며, 진실과 증거에 기반한 판단이 얼마나 중요한지 역설하는데, 이는 의사 자신의 오류를 인지하고 수정하는 과정에도 깊은 시사점을 준다.

✚ 신속한 오류 인지 및 정확한 사실 재확인

잘못된 정보 전달 가능성을 인지하는 즉시 해당 정보의 정확성을 신속하고 철저하게 재검토하여 오류 여부를 명확히 확인한다. 이는 그라임스가 강조한 '비판적 사고 능력'과 '증거에 기반하여 주장을 평가하는 능력'을 스스로에게 적용하는 과정이다.

✚ 환자에 대한 정직하고 투명한 공개 원칙

오류가 확인되었다면 이를 은폐하거나 축소하려 해서는 안 된다. 가능한 한 빠른 시간 내에 환자에게 직접 사실을 알려야 한다. 그라임스가 '진실을 사랑하되 오류를 수용하는 열린 자세'를 강조했듯, 의사 자신의 실수를 인정하는 정직함이 무엇보다 중요하다.

✚ 진심 어린 사과와 책임감 있는 태도

잘못된 정보로 환자가 겪었을 혼란, 불안, 또는 잠재적 위험에 대해 진심으로 사과하고, 의사로서 책임을 회피하지 않는 자세를 보여야 한다.

✚ 정확한 정보 제공 및 오해에 대한 적극적 교정

이전에 전달된 잘못된 정보를 명확히 정정하고, 정확한 최신 정보를 환자가 이해하기 쉬운 언어로 상세히 설명한다. 환자가 가질 수 있는 모든 의문점에 대해 성실하게 답변하며, 오해가 완전히 해소될 수 있도록 노력한다. 이는 의사가 '교육자'이자 '안내자'로서 환자들이 정보의 진위를 분별하도록 돕는 역할과도 맞닿아 있다.

✚ 잠재적 영향 평가 및 필요한 후속 조치 시행

잘못된 정보가 환자의 건강 상태나 치료 결정에 미쳤을 영향을 면밀히 평가한다. 만약 부정적인 영향이 있거나 예상된다면, 이를 바로잡기 위한 추가 검사, 치료 계획 수정, 전문가 자문 등 필요한 모든 조치를 신속하게 취한다.

✚ 재발 방지를 위한 노력과 신뢰 회복

동일한 실수가 반복되지 않도록 개인적인 차원(지식 업데이트, 정보 전달 시 교차 확인 강화 등) 및 필요한 경우 병원 시스템 차원에서 원인을 분석하고 개선책을 마련한다. 또한 일회성 사과와 정정으로 그치지 않고, 이후 진료 과정에서도 더욱 진정성 있는 소통을 통해 환자와 신뢰 관계를 회복하고 강화하기 위해 노력한다. 이런 과정이 "올바른 의사 결정은 물론 사회와 개인 모두에게 큰 이익을 가져다줄 것"이라는 그라임스의 말처럼, 오류를 바로잡는 과정 역시 환자와 의사 모두에게 긍정적인 관계로 나아가는 계기가 될 수 있다.

의사가 잘못된 정보를 전달했음을 알았을 때는 신속성, 정직성, 책임감, 그리고 환자 중심의 소통을 핵심으로 잘못을 정정해야 한다. 이는 『페이크와 팩트』가 강조하는 비판적 자기 성찰과 진실 추구의 자세를 의료 현장에서 실천하는 것이라 할 수 있다.

만약 제가 환자에게 잘못된 정보를 전달했다는 사실을 알게 된다면, 가장 먼저 제 실수를 신속하고 정확하게 확인한 후, 이를 바로잡기 위해 즉각적으로 행동할 것입니다.

첫째, 가능한 한 빨리 환자에게 직접 연락해서 제가 이전에 전달한 정보에 오류가 있었음을 솔직하게 말하고 진심으로 사과를 하겠습니다. 데이비드 그라임스가 『페이크와 팩트』에서 강조했듯이, 우리 모두는 인지 오류에 빠질 수 있습니다. 중요한 것은 오류를 인지했을 때 이를 정직하게 인정하고 수정하려는 자세라고 생각합니다.

둘째, 이전에 전달했던 잘못된 정보를 명확히 정정하고, 정확하고 과학적 근거에 기반한 최신 정보를 환자에게 이해하기 쉽게 설명하겠습니다. 환자가 가질 수 있는 모든 의문과 불안감에 대해 충분히 답변하고, 잘못된 정보가 영향을 끼쳤다면 이를 바로잡기 위한 필요한 모든 조치를 취하겠습니다.

마지막으로, 이러한 일이 재발하지 않도록 원인을 철저히 분석하고, 개인적으로나 시스템적으로 개선할 부분을 찾겠습니다. 환자와의 신뢰는 의료의 기본이므로 실수를 통해 배우고 더욱 신뢰받는 의사가 되도록 노력하겠습니다. 의사에게는 정확한 정보를 전달해야 할 무거운 책임이 있다는 점을 잊지 말아야 합니다.

치료하는 마음

제롬 그루프먼·패멀라 하츠밴드 | 원더박스

환자의 '의학적 마음'을 읽는 의사의 '치료하는 마음'

하버드 의과대학 교수이자 혈액종양내과 전문의 제롬 그루프먼과 내분비내과 전문의 패멀라 하츠밴드가 함께 저술한 『치료하는 마음』은 복잡하고 때로는 상충하는 의료 정보의 홍수 속에서 환자들이 어떻게 자신에게 최선의 치료 결정을 내릴 수 있는지, 그리고 이 과정에서 의사-환자 간의 신뢰와 소통이 얼마나 결정적인 역할을 하는지 탐구하는 책이다. 저자들은 다양한 환자 사례와 심층 인터뷰, 그리고 의학·심리학·경제학 등 여러 분야의 연구 결과를 바탕으로 환자 개개인이 가진 고유한 '의학적 마음medical mind', 즉 치료에 대한 신념, 가치관, 선호하는 접근 방식이 의료 결정에 지대한 영향을 미친다고 주장한다. 이 책은 환자와 의사 모두에게 후회 없는 최선의 치료를 선택하기 위한 지혜와 구체적인 소통 전략을 제공한다.

이 책은 모든 환자가 치료와 관련된 결정을 내릴 때 각자 고유한 '의학적 마음'을 가지고 있으며, 이러한 성향이 치료법 선택에 결정적인 영향을 미친다고 주장한다. 저자들은 환자들을 몇 가지 유형으로 분류하는데, 예를 들어 가능한 최소한의 치료를 선호하는 '최소주의자minimalist'와 건강을 위해서라면 가능한 모든 치료를 시도하려는 '최대주의자maximalist', 의사의 권위를 신뢰하고 따르는 '믿는 자believer', 의사의 권유를 일단 의심하고 추가 정보를 탐색하는 '의심하는 자doubter', 그리고 자연 치유를 선호하는 '자연주의 지향naturalist'과 최신 의학 기술을 적극적으로 수용하는 '기술주의 지향technologist' 등이 그것이다.

환자들은 의사의 권고, 상반되는 전문가 의견, 혼란스러운 통계 수치, 인터넷 정보, 주변 사람들의 조언, 제약회사 광고 등 수많은 정보에 둘러싸여 의료 결정을 내려야 하는 어려움에 직면한다. 이때 자신의 '의학적 마음'의 유형을 이해하고, 외부 정보들이 자신의 생각에 어떤 영향을 미치는지 인식하는 것이 중요하다고 저자들은 강조한다.

이 책은 다양한 환자들의 생생한 사례를 통해, 같은 질병을 앓고 있더라도 각자의 '의학적 마음'에 따라 전혀 다른 치료법을 선택하고 그 결과 또한 다르게 경험할 수 있음을 보여준다. 예를 들어, 어떤 환자는 의사가 권하는 최신 약물에 대해 과거 바이옥스Vioxx 사태처럼 심각한 부작용이 뒤늦게 밝혀질 가능성을 우려하며 더 오랫동안 사용되어 검증된 약을 선호할 수 있다. 또 다른 환자는 암 진단 사실을 주변에 알리지 않고 평소와 같은 일상을 유지함으로써 평정심을 찾고 투병 의지를 다지기도 한다.

궁극적으로 저자들은 최선의 치료란 단순히 의학적으로 가장 효과적인 치료가 아니라 환자 개개인의 가치관, 삶의 목표, 그리고 '의학적 마음'에 부합하는 치료라고 주장한다. 따라서 의사와 환자는 열린 소통을 통해 서로의 생각을 공유하고, 환자의 자율적인 결정을 존중하며 함께 최선의 치료 계획을 수립해 나가야 한다는 것이다.

『치료하는 마음』은 의사가 환자의 신뢰를 얻고 효과적인 소통을 이끌어내기 위해서는 무엇보다 환자 개개인이 가진 고유한 '의학적 마음'의 유형을 깊이 이해하고 존중하는 자세가 선행되어야 함을 강력하게 시사한다. 의사에 대한 환자의 신뢰는 의사의 전문성이나 권위에 의해 일방적으로 주어지는 것이 아니라, 의사가 환자의 내면적 신념, 가치관, 두려움, 그리고 치료에 대한 선호를 정확히 파악하고 이를 치료 결정 과정에 적극적으로 반영하려는 진정성 있는 노력을 보일 때 비로소 형성될 수 있다.

이를 위해 의사는 먼저 환자가 어떤 '의학적 마음'의 유형에 가까운지 파악하려는 노력을 기울여야 한다. 예를 들어, '최소주의자' 성향의 환자에게는 불필요한 검사나 과도한 치료를 권하기보다 꼭 필요한 최소한의 개입과 명확한 근거를 제시하는 것이 신뢰를 얻는 데 효과적일 수 있다. 반면 '최대주의자' 환자에게는 가능한 모든 치료 옵션을 상세히 설명하고 각 선택지의 장단점을 함께 논의하며 적극적으로 건강을 관리하려는 환자의 의지를 지지하는 태도가 필요하다.

'의심하는 자' 유형의 환자에게는 충분한 데이터와 연구 결과를 제시하고, 환자가 스스로 정보를 탐색하고 질문할 수 있는 시간을 허용하며, 의사의 의견을 강요하기보다는 객관적인 정보를 바탕으로 환자 스스로 판단할 수 있도록 돕는 것이 중요하다. 반대로 '믿는 자' 유형의 환자에게는 명확하고 확신에 찬 어조로 치료 계획을 설명하고, 의사의 전문성에 대한 신뢰를 바탕으로 마음을 안심시키는 것이 효과적일 수 있다.

'자연주의 지향' 환자에게는 생활 습관 교정이나 비약물적 치료법을 먼저 고려하고, 약물이나 수술 치료가 불가피할 경우 그 이유와 함께 자연 치유력을 보조하는 측면을 설명하는 것이 도움이 될 수 있다. '기술주의 지향' 환자에게는 최신 의료 기술이나 연구 동향에 대한 정보를 제공하고, 첨단 기술을 활용한 치료법의 가능성을 함께 탐색하는 것이 긍정적인 반응을 이끌어낼수 있다.

이처럼 각기 다른 환자의 '의학적 마음'을 파악하고 그에 맞는 맞춤형 소통 전략을 구사하는 것은 환자와 신뢰 관계를 구축하는 데 핵심적인 역할을 한다. 효과적인 의료 소통의 핵심 요소들, 즉 '적극적 경청의 기술(집중 듣기, 비언어적 표현 활용, 요약과 확인, 감정 인정)'과 '명확한 의사 전달(쉬운 설명, 구조화된 정보, 시각적 도구 활용, 피드백 확인)'은 이러한 맞춤형 소통을 실현하는 데 필요한 구체적인 방법론을 제공한다. 특히 환자의 말을 중간에 끊지 않고 끝까지 경청하며, 그들의 감정에 공감하고, 전문적인 의학 용어 사용을 최소화하여 이해하기 쉽게 설명하는 것은 모든 유형의 환자에게 공통적으로 중요한 소통 원칙이다.

나아가 의사는 환자와의 대화에서 단순히 정보를 전달하는 것을 넘어, 환자가 자신의 '의학적 마음'을 스스로 인식하고, 다양한 정보 속에서 자신의 가치관에 부합하는 최선의 결정을 내릴 수 있도록 돕는 '조력자'이자 '안내자'로서 역할을 수행해야 한다. 책 속에서 한 환자가 "이럴 때는 한두 달 지난 후에 다시 치료를 권합니다. 그럼에도 여전히 거부하면 다음 기회에 또다시 시도해 봐야 해요. 그러면 환자는 그 치료를 좀 더 고민하게 되죠. 치료와 관련해 의사로서 주도권을 잡고 싶겠지만, 그건 별로 효과적이지 않아요"라고 말하는 의사의 접근 방식을 긍정적으로 평가하는 사례는, 의사가 환자의 속도에 맞춰 기다려주고 반복적으로 소통하려는 노력이 신뢰 형성에 얼마나 중요한지를 보여준다.

결국 환자의 신뢰를 얻는 소통 방식은 의사가 자신의 전문 지식과 권위를 내세우기보다 환자의 주체성을 존중하고 그들의 내면의 목소리에 귀 기울이며, 치료 과정을 함께 만들어가는 동반자 관계를 형성하려는 진정성 있는 태도에서 비롯된다. 알베르트 슈바이처의 말처럼 "모든 환자는 내면에 자신만의 의사가 있다"는 점을 인정하고, 환자 안의 그 의사와 협력하려는 자세가 필요하다.

MMI 쟁점과 분석

'의사는 환자를 진료하는 과정에서 어떤 자세로 임해야 할까?' 의사의 바람직한 자세는 환자 중심 의료의 핵심이다. 『치료하는 마음』은 이에 대한 깊이 있는 통찰을 제공한다. 이 책의 내용을 바탕으로 의사의 바람직한 자세를 다음과 같이 구조화할 수 있다.

✚ 환자 고유의 '의학적 마음'을 이해하고 존중하는 자세

가장 기본이 되는 것은 모든 환자가 치료에 대해 각기 다른 신념, 가치관, 그리고 선호하는 접근 방식을 가진다는 사실을 인정하는 것이다. 『치료하는 마음』은 의사가 환자의 이러한 '의학적 마음'의 유형을 파악하려 노력하고, 이를 치료 결정 과정에 적극적으로 반영하려는 진정성 있는 자세가 환자와 신뢰를 구축하는 데 필수적임을 시사한다.

✚ 적극적 경청과 공감에 기반한 맞춤형 소통 자세

환자의 '의학적 마음'을 이해했다면, 그에 맞는 맞춤형 소통 전략을 구사해야 한다. 이는 단순한 정보 전달을 넘어 환자 말을 중간에 끊지 않고 끝까지 경청하며, 그들의 감정에 공감하고, 전문적인 의학 용어를 사용하기보다 환자가 이해하기 쉬운 언어로 명확하게 설명하는 것을 포함한다.

✚ 환자를 의사결정의 주체적 파트너로 대하는 자세

최선의 치료는 단순히 의학적 효과만을 의미하는 것이 아니라 환자 개개인의 가치관과 삶의 목표, 그리고 '의학적 마음'에 부합하는 치료여야 한다. 따라서 의사는 환자와 열린 소통을 통해 서로의 생각을 공유하고, 환자의 자율적인 결정을 존중하며 함께 치료 계획을 수립해 나가는 동반자의 자세를 가져야 한다.

✚ '조력자'이자 '안내자'로서 역할 수행

의사는 환자가 자신의 '의학적 마음'을 스스로 인식하고, 수많은 의료 정보 속에서 자신의 가치관에 부합하는 최선의 결정을 내릴 수 있도록 돕는 '조력자'이자 '안내자'로서 역할을 수행해야 한다. 여기에는 환자의 속도에 맞춰 기다려주고 반복적으로 소통하려는 인내심 있는 자세도 포함된다.

✚ 환자 내면의 지혜를 존중하는 겸허함

알베르트 슈바이처의 말처럼 "모든 환자는 내면에 자신만의 의사가 있다"는 점을 인정하고, 환자의 경험과 직관, 그리고 그들 안의 '의사'와 협력하려는 겸허한 자세가 필요하다.

의사는 환자를 진료하는 과정에서 무엇보다 환자 개개인이 가진 고유한 '의학적 마음'을 이해하고 존중하는 자세로 임해야 한다고 생각합니다. 『치료하는 마음』은 바로 이 점의 중요성을 강조하며, 환자마다 치료에 대한 신념과 가치관, 선호하는 방식이 모두 다름을 알려줍니다.

따라서 의사는 먼저 환자의 성향, 예를 들어 저자들이 언급한 '최소주의자'인지 '최대주의자'인지 등을 파악하여, 그에 맞는 맞춤형 소통을 하고 정보를 제공해야 합니다. 일방적인 지시나 설명보다는 환자의 말을 적극적으로 경청하고 그들의 감정에 공감하며, 환자와 함께 치료 목표와 계획을 세워나가는 파트너십을 구축하는 것이 중요하다고 생각합니다.

이 책이 시사하듯, 의사는 환자가 자신의 가치관에 부합하는 최선의 치료 결정을 내릴 수 있도록 돕는 '조력자'이자 '안내자'의 자세를 가져야 합니다. 이는 환자의 주체성을 존중하고 깊은 신뢰를 얻어 진정한 치유 관계를 맺는 가장 바람직한 길이라고 믿습니다.

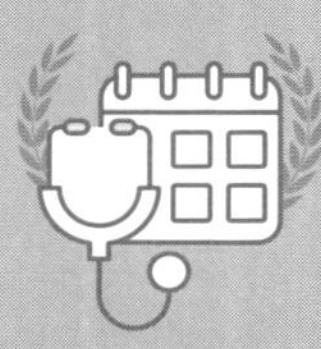

CHAPTER 4

인문학적 소양

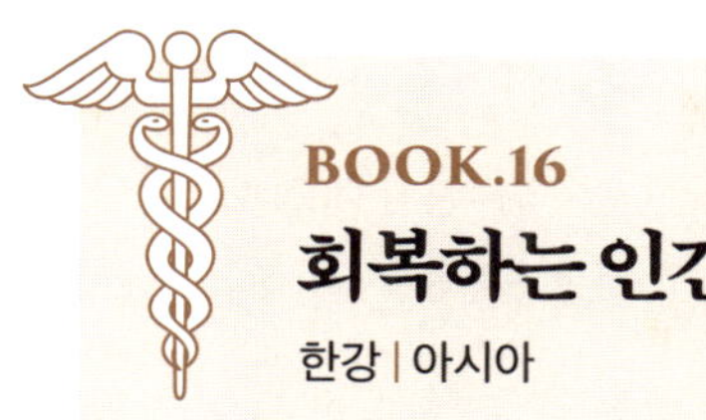

인간의 본원적 고통에 대한 이해

광고대행사 카피라이터인 서른두 살의 '나'는 매일 과로하던 중, 발목을 삐끗하는 사고를 당한다. 처음에는 대수롭지 않게 넘겼지만 며칠 만에 발목 피부가 푸르게 변하고 괴사 징후와 함께 썩는 냄새가 퍼진다. 병원에서는 과로로 인한 면역 저하와 세균 감염이 겹쳤다며 "한 달 절대 안정"을 권고하지만 '나'는 듣지 않았고, 결국 발목뼈가 노출될 정도로 증세가 심각해진 후 입원한다.

창문 하나 없는 병실에서 '나'는 붕대로 칭칭 감은 다리를 바라보며 '회복하는 인간인가, 썩어가는 인간인가'를 자문한다. 태어난 지 두 시간 만에 숨진 쌍둥이 언니의 빈 인큐베이터, 대학 시절 낙태 수술대에서 들었던 흡입기의 굉음 등의 기억이 층층이 겹치면서, 상처 난 몸과 가족사가 발목의 고름과 한 덩어리가 되어 '나'를 괴롭힌다.

그때부터 '나'는 신문 기사 속 추락사, 실종사, 살해 사건 등에 날짜, 사망자 나이, 사인, 현장 사진을 붙여 '죽음 스크랩북'을 만들고, "나는 아직 여기 있다"고 속삭인다. 누군가의 죽음을 수집할수록 '나'는 살아 있음을 스스로에게 증명하지만, 동시에 '언젠가 썩어 무너질 존재'라는 공포도 커질 수밖에 없다. 의사가 "패혈증만 피하면 회복 가능하다"고 할 때조차 '나'는 "회복한다는 게 원래 상태로 돌아간다는 뜻일까?"라는 물음에서 벗어나지 못한다. '나'는 진통제 주사를 맞고도 잠들지 못한 채, 링거 줄이 금속 침대 난간에 부딪히는 소리를 세며 "내 몸 안에서 어떤 세균이, 어느 세포가 살아남으려 싸우는 중일까"를 상상한다.

그러던 어느 날 옆 침대에 입원한, 초고도 미숙아를 잃은 젊은 엄마가 갓난아이의 무게와 같은 780그램짜리 양모 담요를 끌어안고 우는 모습을 보며 "나는 왜 타인의 죽음으로만 살아 있음을 확인하려 했을까?"라고 자문한다. 일주일 뒤, 발목 상처에는 예상보다 빨리 살이 차오르기 시작한다. '나'는 주저하다 붕대를 모두 풀어 보고 붉은 핏자국과 울퉁불퉁한 흉터가 뒤엉킨 살점을 보며 "예전 모습으로의 회귀"가 '회복'이라 상상해 왔음을 깨닫는다. "다시는 이전의 발목으로 돌아가지 못해도, 상처 난 채로 걷는 연습을 시작할 수는 있다." 그렇게 인정한 뒤 퇴원하는 날 아침, '나'는 죽음 스크랩북을 버릴 수 있었고, 아직 완전히 회복하지 못한 발목으로 걸으며 되뇌인다. "나는 회복하는 인간이 아니다. 회복하며 살아가는 인간이다."

『회복하는 인간』은 한강의 다른 소설들처럼 지독한 고통에 허우적거리는 인물이 등장한다. 『채식주의자』가 신체적, 가부장적 억압에 대한 고통, 『소년이 온다』가 국가권력의 집단 학살로 각인된 공동체적 트라우마의 고통을 말하는 것처럼, 『회복하는 인간』은 현대의 과로사회가 야기하는 존재적 자기소모의 고통을 적나라하게 보여준다. 주인공은 '썩어가는(다시 말해 죽어가는)' 육체를 보면서 좌절하지만, 흉터 난 살을 직접 마주하며 '이전으로 되돌아가기'가 불가능하다는 것을 받아들인다.

이렇게 이 소설은, 마치 우리 삶처럼 재미있는 이중성을 전제로 한다. 병실에서 '나'는 과연 회복할 수 있을지 끊임없이 의심한다. 오래된 옛 상처까지 끄집어내 스스로에게 반문하며 괴로워하지만, 회복이란 상처가 완치되는 것이 아니라 그저 동행하는 것이라는 점을 깨닫는다. 그래서 '회복하는 인간'이 아니라

‘회복하며 살아가는 인간’인 것이고, 삶은 지속적 치유의 운동인 것이다. 사실 하루하루 살아간다는 것은 하루하루 죽어간다는 것이고, 인간 육체의 연약함은 반대로 우리의 존재를 증명하는 조건이다.

소설의 마지막 부분에서 주인공이 흉터를 안은 채 계단을 내려가는 장면에서 우리는 아픔은 제거하는 것이 아니라 품은 채 걸어가야 하는 것임을 깨닫는다. 사회가 아무리 ‘완벽’과 ‘정상성’을 추구한다 해도 우리는 유한성과 불안정도 내 삶의 일부라고 껴안아야 하는 것이다.

MMI 쟁점과 분석

‘문학작품 속에서 작가는 인간의 고통을 어떻게 묘사하는지 자신의 독서 경험을 활용해 발표해 보시오’라는 질문은 지원자의 문학적 이해도, 공감 능력, 그리고 자신의 독서 경험을 바탕으로 생각을 논리적으로 구성하고 설득력 있게 전달하는 능력을 종합적으로 평가하려는 질문이다. 한강 작가의 『회복하는 인간』을 비롯한 여러 작품을 심도 있게 이해하고 있다면, 다음과 같은 논리 구조로 답변을 효과적으로 구성할 수 있다.

✚ 도입: 답변의 방향성 제시 및 핵심 작가/작품 선정

문학이 인간 고통을 다루는 중요한 예술 양식임을 언급하며 답변의 포문을 연다. 자신의 독서 경험 중 해당 주제를 가장 잘 드러내는 작가와 작품(들)을 선정하여 제시한다. 이 경우 한강 작가와 그의 작품들(『회복하는 인간』, 『채식주의자』, 『소년이 온다』, 『희랍어 시간』 등)을 중심으로 논지를 전개할 것임을 밝힌다.

작가가 고통을 묘사하는 방식의 전반적인 특징이나 경향을 간략히 언급하며 답변의 주요 방향을 암시할 수 있다(한강 작가의 경우 육체 감각을 통한 고통의 구체화, 개인적 고통과 사회 맥락의 연결 등).

✚ 본론: 작가의 고통 묘사 방식 및 의도 분석
(구체적 독서 경험 기반)

이 부분에서는 선정된 작가(한강)의 작품들을 예시로 들어, 고통을 묘사하는 구체적인 방식과 그 효과 및 작가의 의도를 다각적으로 분석한다.

• 고통의 감각적·육체적 현현顯現

논거: 추상적인 고통을 독자가 직접적으로 체감할 수 있도록 구체적인 신체 증상, 감각 묘사(시각, 후각, 촉각 등)를 통해 생생하게 전달하는 방식이다.

예시: 『회복하는 인간』에서 주인공의 '썩어가는 발목'과 그 냄

새에 대한 집요한 묘사, 『채식주의자』에서 육식을 거부하며 식물로 변해가려는 주인공의 극단적인 신체 변화, 『소년이 온다』의 총탄 자국과 물리적 폭력의 흔적 등이 이에 해당한다.

분석/효과: 이러한 묘사는 고통을 관념이 아닌 피할 수 없는 '현실'이자 '통각'으로 독자에게 각인시키며, 등장인물의 절망과 취약성을 극대화한다.

• **개인적 고통과 사회·구조적 맥락의 연결**

논거: 개인의 아픔이 단순히 개인적인 차원에 머무르지 않고, 그것을 야기하거나 심화시키는 사회적 배경, 역사적 트라우마, 구조적 폭력 등과 어떻게 연결되는지를 드러내는 방식이다.

예시: 『회복하는 인간』의 과로 사회와 개인의 자기 소모, 『채식주의자』의 가부장제와 여성에 대한 억압, 『소년이 온다』의 국가 폭력과 그로 인한 공동체의 상흔 등이 대표적이다.

분석/효과: 개인의 고통을 사회문제로 확장하여 독자에게 비판적 성찰을 유도하고, 고통의 원인에 대한 다층적 이해를 가능하게 한다.

• **고통의 실존적 의미와 '회복' 개념의 재해석**

논거: 고통을 단순히 제거해야 할 부정적인 것으로만 보지 않고, 그 안에서 존재 의미를 찾거나 상처를 안고 살아가는 과정 자체를 '회복'으로 재정의하는 방식이다.

예시: 『회복하는 인간』에서 주인공이 '회복하는 인간'이 아니라 '회복하며 살아가는 인간'임을 깨닫는 과정, 즉 상처와의 동행을 받아들이는 모습이 핵심이다. 『희랍어 시간』에서는 감각 상실이라는 고통이 오히려 깊은 내면의 소통으로 이어지는 역설을 보여준다.

분석/효과: 고통과 상처를 삶의 일부로 수용하고, 완치가 아닌 지속적인 과정으로 치유 가능성을 제시함으로써 독자에게 깊은 울림과 현실적인 위안을 준다. 때로는 고통이 살아있음의 증표가 될 수 있음을 시사한다.

✚ 결론: 종합적 이해와 개인의 통찰 제시

앞서 분석한 작품들의 고통 묘사 방식과 그 의의를 종합적으로 요약한다. 이러한 문학 경험이 인간의 고통에 대한 자신의 이해를 어떻게 심화시켰으며, 나아가 미래 의료인으로서 환자를 대하는 데 어떤 시사점을 줄 수 있는지 등을 언급하며 개인적인 통찰을 덧붙인다. 작품 분석에 그치지 않고 이를 통해 얻은 깨달음이나 가치관의 변화를 진솔하게 보여주는 것이 중요하다.

이러한 논리 구조를 바탕으로 답변을 구성한다면, 질문의 의도를 정확히 파악하고 자신의 독서 경험을 효과적으로 활용하여 깊이 있고 설득력 있는 답변을 할 수 있을 것이다. 특히 한강 작가의 작품들은 인간 고통의 다양한 측면과 그 의미를 섬세하게 탐구하고 있어, 이와 같은 MMI 쟁점에 풍부한 논의거리를 제공한다.

문학작품에서 작가가 인물에게 고통을 주는 방식은 조금씩 다릅니다. 그중 한강의 소설들은 대부분 주인공의 육체에 직접적인 고통을 가하면서 주인공의 고통이 얼마나 큰지 감각적으로 묘사합니다. 특히 『회복하는 인간』은 과로로 썩어가는 발목을 통해 과로를 강요하는 현대사회가 개인에게 강요하는 자기 소모적 폭력을 적나라하게 보여줍니다. 특히 다친 부위가 다름 아닌 발목이기 때문에 주인공은 걸을 수가 없어서 현대사회에서 자신의 쓸모를 증명하는 노동을 이어갈 수 없습니다.

흥미로운 점은 이 소설이 독자들에게 그 고통을 비슷하게 느끼도록 만드는 방식입니다. 작가는 소설 속 주인공이 얼마나 괴로운지 자세히 묘사하는 것에서 그치지 않고, 후각이나 촉각적으로 독자들이 그 고통을 함께 '겪도록' 만듭니다. 생생한 감각을 '글로' 느끼게 함으로써 독자들이 삶의 고통을 더욱 생생하게 느끼도록 만듭니다. 이렇게 독자인 우리도 주인공처럼 아픔을 '겪으면', 고통이 우리 삶에서 어떤 의미인지 생각합니다. 그리고 주인공처럼 고통은 더 이상 제거해야 할 장애가 아니라 존재를, 살아있음을 증명해 주는 징표로 전환할 수 있습니다.

한강의 다른 작품에서도 작가는 인물의 육체적 고통을 통해 독자들이 삶의 의미를 생각하도록 만듭니다. 맨부커상을 수상한 『채식주의자』는 육식 거부로 시작해 식물로 변해가는 주인공의 몸을 보여주면서 가부장적, 성적 폭력으로 인한 고통이 얼마나 한 인간을 파괴하는지 파국적인 결과를 통해 보여줍니다. 『소년이 온다』의 경우는 집단 트라우마를 통해 국가 폭력이 얼마나 잔인할 수 있는지, 그로 인해 개인의 삶과 공동체를 얼마나 오래 잠식하는지 확장합니다. 『희랍어 시간』은 목소리를 잃은 여자와 시력을 잃어가는 남자가 '감각의 결핍'을 통해 서로에게 다가가는 모습을 보여주면서, 말할 수 없는 육체적 한계의 고통이 오히려 깊은 소통으로 이어지는 역설을 증명합니다.

이렇게 썩은 발목, 동물적인 식욕, 총탄 자국, 사라지는 목소리 등으로 표현되는 삶의 고통은, 추상적 관념이 아니라 통각으로 현실이 됩니다. 고통이 현실의 일부임을 깨달으면 『회복하는 인간』의 메시지처럼 삶은 상처와 공존하는 것이며, 회복이란 완치하는 것이 아니라 계속 숨쉬고 살아가고 움직이는 행위 그 자체라는 사실을 인정하게 됩니다. 그렇기 때문에 한강의 소설들에서 고통을 묘사하는 적나라한 방법들은 작가의 괴팍한 취향이 아닌 독자가 '회복하면서 살아가는 인간'으로서 스스로를 돌아보도록 만드는 효과적인 방식입니다.

BOOK.17

법의학자 유성호의 유언노트

유성호 | 21세기북스

죽음을 직시함으로써 삶을 긍정하다

법의학자이자 서울대학교 의과대학 교수인 유성호의 『유언 노트』는 죽음이라는 인간의 보편적 종착점을 통해 역설적으로 삶의 가치와 의미를 탐색하는 깊이 있는 성찰을 담은 책이다. 수많은 죽음을 가장 가까이에서 과학적이고 객관적인 시선으로 분석하는 법의학자라는 저자의 독특한 이력은 '후회 없는 삶'이란 무엇이며 이를 위해 무엇을 준비해야 하는지에 대한 그의 물음에 특별한 무게와 진정성을 부여한다. 이 책은 단순한 유언 작성법이나 죽음 준비 안내서가 아니라, 삶의 유한성을 직시함으로써 현재를 더욱 충실하게 살아갈 지혜를 건네는 책이다.

『유언 노트』에서 저자는 죽음을 삶의 자연스러운 일부로 받아들이고, 이를 능동적으로 성찰하는 과정을 통해 현재의 삶을 더욱 의미 있고 가치 있게 만들 수 있다고 말한다. 저자는 법의학자로서 마주한 다양한 죽음의 사례를 통해 많은 이들이 준비되지 않은 죽음 앞에서 제대로 된 작별 인사조차 나누지 못하거나 삶의 중요한 가치들을 뒤늦게 깨닫고 후회하는 모습을 목격했음을 전한다.

따라서 이 책에서 '유언 노트' 작성은 단순히 사후 재산 분배나 장례 절차를 남기는 것을 넘어, 살아 있는 동안 자신의 삶을 되돌아보고 소중한 사람들에게 미처 전하지 못했던 마음을 정리하며, 자신이 중요하게 생각하는 가치관과 삶의 철학을 기록하는 적극적인 자기 성찰의 과정으로 제시된다.

이를 통해 독자는 죽음이라는 막연한 두려움에서 벗어나 삶의 우선순위를 재정립하고, 일상의 작은 순간들 속에서 행복과 의미를 발견하며, 마침내 '후회 없는 삶'을 스스로 설계해 나갈 수 있는 영감을 얻는다. 결국 생명의 진정한 가치는 삶의 길이나 외형적 성취의 크기가 아니라 매 순간 자신과 타인에게 진실하고, 사랑하는 이들과의 관계를 소중히 여기며, 후회 없는 선택들

　PART 2 | 유형별로 살펴보는 MMI 핵심 쟁점

을 쌓아가는 과정 그 자체에 있음을 역설한다.

『유언 노트』는 생명을 다루는 의료계 종사자들에게도 여러 중요한 성찰 지점과 실질적인 적용 방안을 시사한다.

첫째, 환자와의 소통 방식에 대한 근본적인 재고다. 의사는 질병 진단과 치료를 넘어 환자가 자신의 삶어서 중요하게 생각하는 가치, 남은 삶에 대한 기대, 그리고 죽음에 대한 생각과 두려움에 대해 진솔하게 소통하는 '인간적 조력자'가 될 수 있다. 특히 말기 환자나 중대한 의료 결정을 앞둔 환자와 대화할 때, 이 책은 환자의 전인적 고통을 이해하고 존엄한 자기 결정을 돕는 데 기여할 수 있다.

둘째, 전인적 치료 및 돌봄의 관점 강화다. 이 책은 환자의 생물학적 생명 연장뿐 아니라 삶의 질, 정신적 평안, 존엄한 마무리 과정까지 고려하는 포괄적인 의료의 필요성을 강조한다. 환자가 자신의 삶을 의미 있게 정리하고 가족들과 충분한 작별의 시간을 가질 수 있도록 돕는 것 또한 중요한 의료적 역할임을 인식하게 한다.

셋째, 사전연명의료의향서 및 호스피스·완화 의료에 대한 논의 활성화다. 책에서 강조하는 '후회 없는 가무리'는 의료 현장에서 사전연명의료의향서 작성에 대한 적극적인 안내와 상담, 그리고 호스피스·완화의료의 중요성에 대한 사회적·개인적

인식을 높이는 계기가 될 수 있다. 의사는 환자와 가족에게 이러한 선택지에 대한 정확한 정보를 제공하고, 그들의 결정을 존중하는 역할을 수행해야 한다.

넷째, 의료인 자신의 성찰과 직업적 소명의식 고취다. 매일 생과 사의 경계에서 일하는 의료인들 역시 이 책을 통해 자신의 직업적 소명, 삶과 죽음에 대한 개인의 가치관을 되돌아보고, 때로는 감당하기 어려운 감정적 부담을 건강하게 해소하며 직업 만족감을 높이는 계기를 마련할 수 있다.

결론적으로『유언 노트』는 의료가 단순히 질병을 치료하는 기술을 넘어, 인간의 삶과 죽음이라는 근원적인 과정에 깊이 관여하는 행위임을 상기시키며, 좀 더 인간적이고 성찰적인 의료 실천을 위한 중요한 영감을 제공한다.

마지막으로 저자가 살아 있는 사람들에게 정식으로 요청하는 유언 써보는 연습에 관해 생각해 보자.

평소에 유언을 써보는 연습은 단지 죽음을 준비하는 행위가 아니다. 그것은 삶의 잔고 정리이자, 존재의 마지막 편집권을 스스로에게 부여하는 일이다. 보통 사람들은 유언을 '마지막 말'이라 여기지만, 사실 그것은 마지막 말투, 가지막 관점, 마지막 목소리의 형식이기도 하다. 평소에 유언을 써보지 않은 사람은 죽음이 다가왔을 때 당황한다. 자신이 어떤 식으로 사라지고 싶은

지조차 어휘를 못 고르기 때문이다.

한 평생을 살고 마지막 문장을 남에게 맡긴다는 건 작가가 백지 원고를 편집자에게 넘기는 것과 같다. 굉장히 게으르고 부끄러운 일이다. 게다가 유언은 삶을 되돌아보는 가장 문법적인 도구다. 당신이 무엇을 사랑했고, 무엇에 분노했고, 누구를 용서하지 않았는지를 가다듬는 작업이다. 유언을 쓰는 행위는 삶의 내용을 '정리'하는 게 아니라, 그 내용을 자기 해석으로 재포장하는 고유한 지적 절차다.

평소 유언을 써본 사람은 죽음을 통제하지는 못하지만 죽음 앞에서 자신만의 문장을 갖는 사람이다. 그리고 그것이야말로 현대인의 유일한 존엄 "사라질 줄 아는 기술"이다. 어쩌면 삶보다 더 문장력 있는 것이 유언일지도 모른다.

MMI 쟁점과 분석

'의사는 평소 죽음에 대해서 어떤 태도를 지녀야 할까?' 의사에게 죽음은 일상적으로 마주하는 현실이자 깊은 철학적·윤리적 성찰을 요구하는 주제다. 『유언 노트』는 법의학자의 시선을 통해 죽음을 직시하고 성찰함으로써 삶의 가치를 역설하며, 의사가 평소 죽음에 대해 어떤 태도를 가져야 하는지 중요한 시사점을 제공한다.

✚ 죽음의 수용과 삶의 유한성에 대한 직시

의사는 죽음을 단순히 피해야 할 대상이나 의학의 패배로만 간주하기보다 삶의 자연스럽고 불가피한 한 과정으로 이해하고 수용하는 태도를 지녀야 한다. 『유언 노트』가 강조하듯, 삶의 유한성을 직시할 때 현재의 삶을 더욱 충실하고 의미 있게 살아갈 지혜를 얻을 수 있다. 이는 환자의 죽음 앞에서 과도한 무력감이나 죄책감에 빠지지 않고 남은 이들을 돌보는 데에도 중요한 기반이 된다.

✚ '후회 없는 삶'과 '존엄한 마무리'에 대한 조력자로서의 역할 인식

의사는 환자가 자신의 삶을 의미 있게 정리하고 '후회 없는 마무리'를 할 수 있도록 돕는 역할을 해야 한다. 『유언 노트』에서 '유언 노트' 작성이 단순히 사후 정리를 넘어 살아 있는 동안 자신의 삶을 되돌아보고 가치관을 정리하는 적극적인 자기 성찰의 과정으로 제시되듯, 의사는 환자와 진솔하게 소통하면서 그들의 가치, 남은 삶에 대한 기대, 죽음에 대한 생각과 두려움에 대해 소통하면서 이를 이해하고 존중해야 한다. 이는 사전연명 의료의향서 논의나 호스피스·완화 의료에 대한 적극적인 안내 와 상담으로 이어질 수 있다.

✚ 전문성과 인간적 공감의 균형 있는 태도 견지

죽음을 앞둔 환자와 그 가족을 대할 때 의사는 의학 정보를 정 확하게 전달하는 전문가로 역할하면서 동시에 그들의 슬픔과 불안에 공감하는 인간적인 연민의 자세를 균형 있게 유지해야 한다. 『유언 노트』가 인간의 삶과 죽음이라는 근원적인 과정을 다루듯, 의사도 환자의 마지막 여정에서 의료 처치뿐만 아니라 인간의 존엄성을 지키는 데 집중해야 한다.

✚ 의료인 자신의 죽음에 대한 성찰과 직업적 소명의식 함양

생과 사의 경계에서 일하는 의료인 스스로도 평소 죽음에 대 해 성찰하는 시간을 갖는 것이 중요하다. 이는 감정 소진을 예방 하고, 자신의 직업적 소명과 삶의 가치를 되돌아보며, 환자를 더 욱 깊이 이해하고 공감하는 데 도움이 된다. 유성호 교수가 말하 는 "사라질 줄 아는 기술"로서의 존엄은, 의사가 자신의 유한성 을 받아들이고 매 순간 최선을 다하는 자세도 이어질 수 있다.

의사는 죽음을 삶의 자연스러운 일부로 이해하고 존중하며, 환자가 존엄하게 삶을 마무리할 수 있도록 돕는 동시에, 그 과정에서 삶의 진정한 가치를 함께 성찰하는 동반자적 태도를 지녀야 한다. 이는『유언 노트』가 제시하는 '후회 없는 삶'을 위한 지혜와도 맞닿아 있다.

의사에게 죽음은 피할 수 없는 현실입니다. 따라서 평소 죽음에 대해 깊이 성찰하는 자세가 중요하다고 생각합니다. 『유언 노트』는 죽음을 통해 역설적으로 삶의 가치를 깨닫고, '후회 없는 삶'을 살아갈 지혜를 전해주는 책입니다.

이 책의 관점에서 의사는 죽음을 단순히 의학 실패로만 여기기보다 삶의 자연스러운 한 과정으로 이해하고 존중하는 태도를 가져야 한다고 생각합니다. 『유언 노트』에서 '유언 작성'이 살아 있는 동안 자신의 삶과 가치를 성찰하는 과정으로 제시되듯, 의사는 환자가 자신의 삶을 의미 있게 마무리하고, 마지막 순간까지 인간으로서 존엄을 지킬 수 있도록 돕는 역할을 해야 합니다.

이를 위해 환자와 가족의 슬픔과 두려움에 진심으로 공감하면서 전문성을 바탕으로 정확한 정보를 제공하고, 사전연명의료의향서나 호스피스 완화의료와 같은 선택지를 함께 논의하는 열린 자세가 필요하다고 생각합니다. 또한 이 책이 시사하듯, 의사 자신도 평소 죽음에 대해 성찰함으로써 생명의 가치를 되새기고, 환자를 더욱 깊이 이해하며, 소진되지 않고 환자의 진정한 조력자가 될 수 있도록 노력해야 한다고 생각합니다.

의학, 과학을 넘어 인간학으로

상지대학교 최종덕 교수의 『의학의 철학』은 현대 의학의 눈부신 과학 성취에도 종종 간과하거나, 혹은 충분히 주목하지 못했던 근본적인 질문들을 정면으로 마주하는 용기 있는 시도라 할 수 있다. 저자는 깊은 인문학적 성찰을 겸비한 학자로서 질병이라는 현상을 단순히 생물학적 기계론의 관점에서만 파악하는 현대 의학의 경향에 의문을 제기하면서, 철학적 사유가 의학의 본질을 이해하고 실천하는 데 있어 얼마나 필수적인지를 역설한다.

이 책은 복잡다단한 질병의 경험과 의료 행위의 의미를 과학과 인문학이라는 두 개의 큰 창을 통해 균형 있게 조망하려는 저자의 오랜 고민과 탐구의 결정체로, 예비 의료인뿐만 아니라 모든 현대인에게 건강과 질병, 그리고 삶의 본질에 대한 깊은 생각을 던져준다. 이 책에는 의학을 단순한 기술의 집합체가 아닌, 인간 존재의 근원적 조건과 맞닿아 있는 깊이 있는 학문으로 격상시키려는 저자의 열정이 담겨 있으며, 독자들이 질병과 치유의 과정을 새롭고 다층적인 시각으로 바라볼 수 있도록 이끈다.

『의학의 철학』에서 최종덕 교수가 펼쳐내는 중심 주장은 명료하면서도 심오하다. 그것은 바로 '의학은 과학만으로는 온전히 설명될 수도 실천될 수도 없는 인간학人間學'이라는 것이다. 저자는 현대 의학이 질병의 원인을 밝히고 치료법을 개발하는 데 과학 방법론이 눈부신 기여를 했다는 점을 충분히 인정하면서도, 질병을 경험하는 '주체로서의 환자'와 그들의 고통, 그리고 의료 행위가 갖는 윤리적·사회적·실존적 의미를 과학 데이터만으로 환원할 수 없음을 강력하게 피력한다.

그는 질병이 단지 신체 고장이 아니라 한 인간의 삶 전체를 뒤흔드는 사건이며, 따라서 치유 과정 역시 단순히 손상된 기능을 회복하는 것을 넘어 환자의 주체성과 존엄성을 회복하고 삶의 의미를 재구성하도록 돕는 전인적 과정이어야 함을 강조한다. 저자는 책 전반에 걸쳐 고대 그리스의 히포크라테스부터 현대의 생명윤리학에 이르기까지 의학의 역사 속에 면면히 이어져온 철학적 고민들을 소개하고, 이를 통해 '좋은 의사란 무엇인가' '진정한 치유란 무엇인가' '건강과 질병의 경계는 어디인가'와 같은 근본적인 질문에 대한 답을 독자 스스로 찾아가도록 안내한다.

결국 저자는 의학이 과학적 엄밀함과 인문학적 따뜻함, 그리고 철학적 깊이를 동시에 갖출 때 비로소 그 본연의 목적, 즉 인간의 고통을 경감하고 건강한 삶을 증진하는 숭고한 사명을 다할 수 있다고 역설한다.

그렇다면 이러한 철학적 사유가 의학을 공부하고 실천하는 의학도들에게 왜 필요할까? 최종덕 교수의 논지를 따라가 보면 그 이유는 자명해진다.

첫째, 철학은 의학도에게 비판적 사고 능력과 문제 해결 능력을 길러준다. 실제 의료 현장은 교과서 지식만으로는 해결하기 어려운 복잡하고 예측 불가능한 상황들로 가득 차 있으며, 특히 생명과 직결된 윤리적 딜레마 앞에서 의사는 고도의 판단력을 발휘해야 한다. 철학적 훈련은 다양한 관점에서 문제를 분석하고, 논리적으로 추론하며, 최선의 결정을 내릴 수 있는 지적 토대를 제공한다.

둘째, 철학은 윤리적 감수성과 책임 의식을 함양한다. 첨단 의료 기술의 발전은 과거에는 상상할 수 없었던 새로운 윤리적 문제들을 끊임없이 제기한다. 유전자 편집, 인공지능 의료, 연명치료 중단 등과 같은 문제 앞에서 의사는 단순한 기술 시행자를 넘어 윤리적 주체로서 책임 있는 결정을 내려야 하며, 이를 위해서는 생명윤리학을 포함한 철학적 성찰이 필요하다.

셋째, 철학은 환자의 주관적 경험에 대한 깊이 있는 이해와 공감 능력을 증진시킨다. 질병은 객관적 데이터로 환원될 수 없는 환자 개개인의 고유한 경험이며 고통이다. 현상학을 비롯한 철학적 접근은 의학도가 환자의 내면세계에 더 가까이 다가가 그들의 불안과 두려움, 희망을 이해하고 진정한 공감에 기반한 치유 관계를 형성하는 데 도움을 준다.

넷째, 철학은 의학 지식의 한계와 불확실성에 대한 겸허한 인식을 가능하게 한다. 과학으로서 의학은 끊임없이 발전하지만 여전히 많은 미지의 영역과 한계를 안고 있다. 철학은 의학도가 이러한 불확실성을 회피하지 않고 겸허하게 받아들이면서 그 안에서 최선을 다하는 자세를 갖도록 이끈다.

마지막으로 철학은 의학도 스스로 의사라는 정체성과 소명의식을 확립하는 데 기여한다. '나는 어떤 의사가 될 것인가?'라는 질문에 대한 답은 단순히 의학 지식이나 기술 습득만으로는 얻을 수 없다. 자신의 가치관, 직업윤리, 그리고 사회적 역할에 대한 깊은 철학적 고민을 통해 비로소 의사로서 소명을 발견하고 이를 실천해 나갈 힘을 얻게 되는 것이다.

결국 『의학의 철학』은 의학도가 질병의 '과학'을 넘어 그 이면에 담긴 '인문학'적 깊이를 통찰하고, 철학적 사유를 통해 더욱 성숙하고 지혜로운 의료인으로 성장할 수 있도록 이끄는 귀중한 길잡이가 되어준다.

MMI 쟁점과 분석

'과학 지식과 실습만으로 좋은 의사가 될 수 있을까?' 이 질문은 의사의 핵심 역량에 대한 근본적인 성찰을 요구하며, 답변은 크게 두 가지 관점으로 구성할 수 있다.

✚ 관점 1: 그렇다
(과학 지식과 실습만으로도 좋은 의사가 될 수 있다는 입장)

- **핵심 논거:** 의학의 본질은 과학 원리에 기반한 정확한 진단과 효과적인 치료이며, 이는 방대한 의학 지식의 습득과 숙련된 임상 실습을 통해 가장 효과적으로 달성될 수 있다.

- **세부 근거**

질병의 객관적 이해와 치료: 질병의 생물학적 기전을 이해하고 증거 기반 의학EBM에 따른 표준화된 치료를 적용하는 것이 환자에게 최선의 결과를 가져다줄 가능성이 높다.

의료 기술의 발전과 전문성: 현대 의학은 고도로 전문화되고 기술적으로 발전하고 있으며, 이러한 지식과 기술을 효과적으로 활용하는 능력이 좋은 의사의 핵심이다.

객관성과 일관성 유지: 과학 지식과 실습은 주관적 판단의 오류를 최소화하고 일관된 의료 서비스를 제공하는 데 기여한다.

응급 상황 대처 능력: 위급한 상황에서는 신속하고 정확한 의학적 판단과 기술이 생명을 구하는 데 결정적이다.

예상 반론에 대한 답변: 인문학적 소양이나 공감 능력 등은 인간의 기본 덕목일 수는 있으나, 이는 의사의 핵심 전문성과는 거리가 있거나 부차적인 요소다.

✚ 관점 2: 그렇지 않다
(과학 지식과 실습만으로는 좋은 의사가 될 수 없다는 입장)

- **핵심 논거**: 의학은 인간을 대상으로 하는 학문이자 실천이므로 질병에 대한 과학적 이해와 치료 기술을 넘어 환자를 전인격적으로 이해하고, 복잡한 윤리적 상황에 대처하며, 깊이 있는

소통을 할 수 있는 인문학적 소양과 철학적 성찰이 매우 중요하다.

• **세부 근거**

질병의 주관적 경험과 전인적 이해:『의학의 철학』에서 논하듯, 질병은 단순한 생물학적 데이터의 집합이 아니라 환자 개개인의 고유한 삶의 맥락 속에서 경험되는 고통이다. 과학 지식만으로는 이러한 주관적 경험과 전인적 상태를 온전히 파악하기 어렵다.

윤리적 판단 능력의 중요성: 의료 현장은 생명 윤리, 치료의 한계, 자원 분배 등 끊임없는 윤리적 딜레마에 직면한다.『의학의 철학』은 이러한 문제 앞에서 단순한 기술자를 넘어 윤리적 주체로서 의사 역할을 강조하며, 철학적 사고가 책임 있는 결정을 내리는 데 필수적임을 보여준다.

환자와 신뢰 관계 형성: 좋은 의사는 환자와 깊은 신뢰와 공감을 바탕으로 치료 관계를 형성한다. 이는 과학 지식을 넘어선 인간에 대한 이해, 소통 능력, 그리고 환자의 가치관을 존중하는 인문학적 태도에서 비롯된다.

의학의 불확실성과 한계 인식: 과학은 모든 것을 설명할 수 없으며, 의학 역시 불확실성과 한계를 지닌다.『의학의 철학』은 의사가 이러한 한계를 겸허히 받아들이고, 그 안에서 최선을 다하며, 환자와 함께 불확실성을 헤쳐 나가는 지혜를 철학적 성찰을 통해 얻을 수 있음을 시사한다.

의료 행위의 사회적·인문학적 의미 성찰: 의사는 단순한 기술 제공자가 아니라 환자의 삶의 질, 사회적 역할, 그리고 인간 존엄성에 깊이 관여하는 존재다. 『의학의 철학』은 의료 행위의 이러한 다층적 의미를 탐구하며, 의사가 자신의 역할에 대한 깊은 인문학적 이해를 갖도록 돕는다.

과학 지식과 뛰어난 임상 실습 능력은 좋은 의사가 되기 위한 필수적인 기본 조건임에는 의심의 여지가 없습니다. 질병의 정확한 진단과 효과적인 치료는 이러한 탄탄한 과학적 기반 위에서만 가능하기 때문입니다.

그러나 저는 그것만으로는 진정으로 좋은 의사가 되기에 충분하지 않다고 생각합니다. 최근에 읽은 『의학의 철학』이라는 책은 바로 이러한 고민에 대한 깊이 있는 성찰을 제공합니다. 이 책에서 강조하듯이, 질병은 단순한 생물학적 현상을 넘어 한 인간의 삶 전체에 영향을 미치는 복합적인 경험입니다. 따라서 의사는 과학적 분석 능력과 더불어 환자가 겪는 고통의 주관적 의미를 이해하고 공감하는 인문학적 소양을 반드시 갖추어야 합니다.

또한 의료 현장은 끊임없는 윤리적 판단을 요구합니다. 『의학의 철학』은 생명 윤리, 치료 목표 설정, 그리고 의사의 사회적 책임 같은 문제 앞에서 의사가 단순한 기술자를 넘어 깊이 사유하고 책임 있는 결정을 내리는 윤리 주체가 되어야 함을 잘 보여주고 있습니다. 이러한 철학적 성찰 없이는 복잡한 윤리적 딜레마 앞에서 올바른 길을 찾기 어려울 것입니다.

결국 환자와 깊은 신뢰 관계를 형성하고, 그들의 존엄성을 지키면서 전인적인 치유를 돕기 위해서는, 과학 지식과 실습 능력이라는 단단한 토대 위에 인간과 사회에 대한 깊은 이해, 따뜻한 공감 능력, 그리고 끊임없는 윤리적 성찰이라는 기둥들이 함께 세워져야 한다고 생각합니다. 이것이 바로 최종덕 교수님이 책에서 말하고자 하는 "과학과 인문학이 조화된 의학"의 모습이며, 제가 추구하는 좋은 의사의 모습이기도 합니다.

BOOK.19

죽음은 직선이 아니다

김범석 | 흐름출판

삶과 죽음에 대한 철학적 성찰

서울대학교 의과대학 종양내과 김범석 교수의 『죽음은 직선이 아니다』는 단순한 의학 서적을 넘어 삶과 죽음에 대한 깊이 있는 성찰을 담은 철학 에세이에 가깝다. 종양내과 교수로서 수많은 환자를 마주하며 얻은 그의 경험은, 죽음이라는 보편 주제를 다루면서도 개인의 아픔과 진솔한 감정을 녹여내 독자들에게 깊은 울림을 선사한다.

어린 시절 아버지의 암 투병과 죽음은 저자가 죽음이라는 주제를 평생 탐구하게 만든 근원적인 경험이었다. 이 책은 개인의 경험에서 출발하여 인류가 암에 맞서 싸워온 역사, 암의 생물학적 특성, 그리고 삶과 죽음의 경계에 대한 철학적 고찰까지 폭넓은 영역을 아우른다. 저자는 암이라는 질병을 통해 삶의 유한성과 존엄성을 이야기하며, 죽음에 대한 기존의 선형적인 관념에서 벗어나 다층적인 시각을 제시한다.

의학 지식뿐만 아니라 철학, 종교, 문학 등 다양한 분야를 넘나드는 저자의 통찰력은 독자들에게 죽음에 대한 폭넓은 시각을 제공한다. 그는 죽음을 단순히 생명의 종말이 아닌, 삶의 한 과정으로 받아들이도록 독려하며, 죽음에 대한 두려움보다는 삶의 소중함을 깨닫고 현재를 충실히 살아가는 것의 중요성을 강조한다.

죽음은 인간에게 깊은 고뇌와 성찰을 안겨주는 주제다. 이 책은 독자들에게 죽음에 대한 새로운 시각을 제시하고, 삶의 의미를 되새기게 한다. 그리고 죽음에 대한 이같은 깊이 있는 성찰과 삶에 대한 따뜻한 시선을 통해 독자들에게 깊은 감동과 위안을 준다. 저자의 진솔한 이야기는 독자들이 자신의 삶을 되돌아보고, 남은 시간을 어떻게 살아갈 것인지에 대해 스스로에게 질문을 던지게 한다.

이 책의 제목에 대해서 한번 성찰해 보자. 죽음이 직선이 아니라 곡선이라는 말은, 삶의 종말이 단순한 단절이나 종료가 아니라는 인식에서 비롯된다. 직선은 시작과 끝이 명확하고, 흐름이 일방향이며 종착지를 암시한다. 반면 곡선은 방향이 변하고, 예측이 어렵고, 어떤 경우에는 되돌아오는 듯한 궤적을 가진다.

죽음을 곡선에 비유한다는 것은, 죽음이 단지 생물학적 기능의 정지로 끝나는 것이 아니라 기억, 영향, 흔적, 혹은 믿는 이에 따라서는 또 다른 차원의 삶으로 이어지는 여운의 곡선임을 뜻한다. 한 인간의 죽음은 주변인들의 삶 속에서 다양한 형태로 굴절되고 반복되며, 문화적으로도 계속 회자된다. 이는 곡선처럼 삶과 사후가 단절되지 않고, 감정과 기억, 또는 신념에 따라 계속 이어진다는 생각을 전제한다.

또한 곡선은 직선보다 더 인간적인 형상이다. 인간은 결코 똑바로만 걷지 않으며, 삶 자체도 직진하지 않는다. 생애의 마지막 순간조차 뚜렷한 하나의 점으로 닫히지 않고, 긴 여운의 곡선을 남기며 다른 궤도 속으로 사라진다.

결국 죽음은 종착이 아니라 하나의 만곡된 이동이며, 여전히 어딘가를 향해 움직이는 감각을 우리에게 남긴다. 그러므로 우리는 때로 누군가의 죽음을 '끝'이 아니라 회전이라 말하고, 그 궤적 위에서 누군가를 다시 느끼게 된다.

MMI 쟁점과 분석

'의사는 어떤 순간에도 죽음과 맞서 싸우는 존재여야 할까?' 이 질문은 의사의 윤리적·철학적 태도와 실천적 역할을 묻는 깊이 있는 질문이다. 의대 교수들이 학생들에게 기대하는 답변은 단순한 찬반이 아니라, 다양한 시각을 고려한 균형 잡힌 사고와 논리적인 근거를 바탕으로 한 답변일 가능성이 크다. 몇 가지 예상할 수 있는 방향을 정리해 보자.

✚ 전통적인 의사의 역할은 죽음에 맞서 끝까지 싸우는 것이다

- 의사는 환자의 생명을 지키는 것이 최우선적인 임무이므로 어떤 순간에도 죽음과 맞서 싸워야 한다.
- 윤리적으로도 '환자의 최선의 이익 beneficence'을 고려해야 하므로 포기할 수 없다.
- 현대 의학의 발전으로 생명을 연장할 수 있는 기술이 많아졌으므로 끝까지 최선을 다해야 한다.
- 환자의 희망과 가족의 기대를 고려했을 때, 의사는 최후의 순간까지 생명을 유지하기 위해 노력해야 한다.

✚ 죽음에 맞서 싸우는 것이 항상 최선일까?

- 현대의학에서 '무의미한 연명치료futile treatment의 중단'이라는 개념이 중요해지고 있다.
- 삶의 질quality of life과 존엄한 죽음dignified death이 중요해지고 있는 시대 흐름을 고려해야 한다.
- 환자가 연명치료를 거부할 권리(사전의료지시서Advance Directive, 심폐소생술포기각서DNR) 등을 고려해야 한다.
- '의사는 치료를 위한 존재인가, 아니면 삶과 죽음을 조율하는 존재인가?'라는 근본적인 질문이 필요하다.

✚ 죽음과 싸우기보다 환자의 삶을 우선해야 한다

- 의사의 역할은 죽음을 막는 것이 아니라, 환자가 남은 삶을 좀 더 가치 있고 의미 있게 보내도록 돕는 것이다.
- 완화의료Palliative Care와 호스피스Hospice의 중요성이 커지고 있다.
- 치료를 지속하는 것이 아니라, 환자의 고통을 줄이고 편안한 삶을 제공하는 것도 의사의 역할이다.

✚ 의대 교수들이 원하는 답변은?

- **균형 잡힌 사고:** '무조건 살려야 한다' 또는 '어쩔 수 없는 순간에는 포기해야 한다' 같은 단순한 결론이 아니라, 다양한 시

각을 고려하고 있는가.

- **임상 경험과 연결한 사유:** 현실적인 의료 환경에서 의사가 경험할 수 있는 갈등(가족의 반대, 법적 문제 등)을 고려하면서 말할 수 있는가.
- **윤리적 근거:** 생명의 존엄성, 자율성 autonomy, 연명의료결정법 등의 개념을 적절히 활용하고 있는가.
- **미래 의사로서의 태도:** 단순한 이론이 아니라, '내가 의사가 된다면 어떻게 할 것인가?'라는 태도에 대한 고민이 담겨 있는가.

의대 교수들은 이 질문을 통해 요구하는 것은 "죽음과 끝까지 싸워야 한다" 혹은 "의사는 때때로 죽음을 받아들여야 한다"는 식의 이분법적 답이 아니다. 교수들은 학생들이 단순한 '정답'을 찾기보다 다양한 윤리적·의학적 논점을 그려하면서 논리적으로 사고하는 태도를 보이기를 기대할 것이다. 의사가 죽음과 싸운다는 것은 단순히 생명을 연장하는 것이 아니라, '환자를 위한 최선의 선택이 무엇인가'를 고민하는 과정이라는 점을 강조하는 답변이 좋은 평가를 받을 가능성이 높다.

제가 읽은 『죽음은 직선이 아니다』라는 책은 예비 의사로서 환자를 살리는 목표를 넘어, 삶과 죽음의 본질에 대해 깊이 생각하는 계기가 되었습니다.

이 책을 쓴 김범석 교수님께서는 죽음을 단순히 생명의 종료가 아닌 다층적인 경험으로 묘사하며, 의학 기술이 아무리 발전해도 환자의 존엄을 지키는 것이 때로는 더 중요하다고 강조하셨습니다.

이러한 관점에서 '의사는 어떤 순간에도 환자를 살려야 하는가'라는 질문은 복잡한 윤리적 딜레마를 내포합니다. 회복 불가능한 말기 환자의 고통을 연장하는 것이 과연 최선인지, 환자의 자기 결정권을 어디까지 존중해야 하는지, 제한된 의료자원을 어떻게 배분해야 하는지 등 수많은 윤리 문제가 발생합니다.

의사는 환자의 생명을 소중히 여기고 최선을 다해야 하지만 환자의 존엄성, 자기 결정권, 의료자원의 한계 등을 종합적으로 고려하여 때로는 어려운 결정을 내려야 합니다. 김범석 교수님의 책을 통해 저는 의학적 지식뿐 아니라 인문학적 소양과 윤리적 판단력이 얼마나 중요한지 깨달았습니다.

미래의 의사로서 환자들의 삶의 질을 우선하고, 환자들이 존엄하게 생을 마감할 수 있도록 돕는 의사가 되도록 노력하겠습니다.

BOOK.20

의미, 의학과 미술 사이

전주홍·최병진 | 일파소

의학과 미술은
어떻게 만나는가

전주홍 서울대학교 의대 교수와 최병진 상명대학교 미대 교수가 함께 쓴 『의미, 의학과 미술 사이』는 의학과 미술이라는, 언뜻 서로 다른 길을 걷는 듯 보이는 두 학문 분야가 역사 속에서 어떻게 만나고 서로에게 어떤 영향을 주고받았는지를 다각도로 조명하는 흥미로운 지적 탐험서다.

저자들은 단순히 의학사를 나열하거나 미술 작품을 해설하는 것을 넘어, 의학적 사건과 개념이 예술가의 시선을 통해 어떻게 형상화되었으며, 반대로 예술 작품이 당대의 의학 담론과 사회 인식, 나아가 인간 조건에 대한 성찰을 어떻게 담아내고 있는지 탐구한다.

책 제목으로 쓰인 '의미醫美'라는 키워드는 의학적이면서 동시에 미학적인, 혹은 그 자체로 의미심장한 두 분야의 접점을 찾고자 하는 저자들의 집필 의도를 함축적으로 보여준다. 고대 아스클레피오스 신앙에서부터 현대 의학에 이르기까지 방대한 시간을 종횡하면서 그림이라는 시각 매체를 통해 독자들이 의학의 역사를 좀 더 친밀하고 감성적으로 이해하도록 이끄는 독특한 구성을 취하고 있다.

의학 전문가와 미술사 전문가의 협업은 이 책의 가장 큰 강점이다. 의학적 사실과 역사적 배경지식, 그리고 예술 작품에 대한 도상학적이고 양식적인 분석이 어우러져 풍부하고 다층적인 해석의 가능성을 열어준다. 저자들은 중세 페스트 같은 재난이 삶과 죽음을 관조하는 예술 작품을 탄생시켰듯, 그림 속에 나타난 의학의 다양한 양상을 통해 우리 시대의 삶과 의료를 되돌아보자는 핵심적인 동기를 제시하면서 독자들에게 깊은 성찰의 기회를 제공한다.

이 책은 예술이 단순한 의학사의 삽화나 장식적 요소가 아니라, 의학 지식의 형성과 전달, 질병과 치유에 대한 사회적 인식의 반영과 형성, 그리고 인간 조건에 대한 깊이 있는 성찰을 담아내는 중요한 매개체 역할을 수행해 왔다고 말한다.

저자들은 시대별 미술 작품을 통해 의학 역사를 탐구하면서 이러한 주장을 구체화한다. 고대 그리스·로마 시대에는 아스클레피오스 신앙에서 볼 수 있듯 예술이 신성한 치유 공간의 분위기를 조성하고 치유에 대한 믿음을 강화하는 데 직접적으로 관여했으며, 이는 예술이 고대부터 전인적 치유 환경의 중요한 일부였음을 보여준다.

중세에는 페스트 창궐 같은 대규모 역병이 가져온 죽음에 대한 공포와 성찰이 '죽음의 무도'와 같은 예술 주제로 빈번하게 등장하며 공동체적 트라우마에 대한 예술적 반응이자 사회적 치유 기제로서 기능했고, 동시에 '자비와 치유'를 목적으로 하는 병원의 등장과 종교적 믿음이 결합된 의료의 모습이 예술에 담겼다.

르네상스와 과학 혁명을 거친 근대에 이르러서는 레오나르도 다 빈치나 베살리우스의 정밀한 인체 해부도에서 볼 수 있듯, 예술이 과학적 발견을 시각화하고 전파하며 새로운 의학 지식 구축의 수단이 되었다. 렘브란트의 〈니콜라스 튈프 박사의 해부학 강의〉는 당시 해부학 지식의 사회 위상과 교육 방식을 보여주는 동시에, 예술이 인체에 대한 근본 이해를 증진시켜 간접적으로 치유에 기여했음을 시사한다.

근현대에 이르러 의학이 더욱 전문화되고 기술적으로 발전하면서 예술은 변화하는 의료 현장의 모습과 함께 환자의 내면 경험과 고통에 대한 깊이 있는 탐구를 보여주기 시작했다.

이처럼 이 책은 예술이 각 시대의 의학 지식, 실천, 사회 인식을 반영하고, 때로는 이를 선도하거나 비판하는 다층적인 역할을 수행해 왔음을 다양한 작품 분석을 통해 설득력 있게 제시한다. 나아가 저자들은 현대 의학이 고도로 전문화되면서 환자를 질병 중심으로 파편화하는 경향에 대해 예술이 제공하는 총체적 표현과 정서적 공명이 의학에 대한 좀 더 통합적이고 인본주의적인 접근 방식을 옹호할 수 있음을 암시하면서 '의학적 미학'을 추구함으로써 이를 통해 의학이 인간화될 수 있는 가능성을 탐색한다.

『의미, 의학과 미술 사이』는 의학계 종사자들, 특히 의학도들에게 여러 중요한 연결 지점과 성찰의 계기를 제공한다.

첫째, 책에서 다루는 예술 작품 속에 나타난 의사의 이미지 변천사는 의사에 대한 사회 인식과 기대가 시대에 따라 어떻게 변화해 왔는지 이해하는 데 도움을 준다. 렘브란트가 그린 지적 권위의 표상인 의사부터 루크 필즈의 작품 속 고뇌하는 헌신적인 의사, 파블로 피카소의 그림에서 보이는 과학적 의술과 인간적 자비 사이의 긴장까지 이러한 다양한 모습은 환자-의사 관계와 신뢰 형성에 여전히 영향을 미치는 의사의 원형적 이미지를 성찰하게 한다. 이는 의료인 스스로 자신이 환자에게 어떤 이미지로 비치고 있으며, 그것이 치료 관계에 어떤 의미를 갖는지 고민하도록 자극한다.

둘째, 예술은 인간의 고통과 질병 경험을 이해하는 중요한 통로를 제공한다. 근현대 미술에서 나타나는 '고통을 바라보는 시선'은 의학도들이 환자의 내면과 질병의 주관적 경험을 더 깊이 공감하고 이해하는 데 기여할 수 있다. 이는 단순한 의학 지식을 넘어 환자를 전인적 존재로 바라보는 데 필수적인 인문학적 소양을 길러준다.

셋째, 이 책은 예술이 가진 치유적 잠재력을 역사적 맥락에서 환기시킨다. 비록 현대의 미술 치료나 음악 치료 기법을 직접적으로 다루지는 않지만, 고대 아스클레피오스 신전의 예술 환경이 치유에 기여했듯, 예술이 환자의 심리 안정과 믿음 체계 강화에 긍정적인 영향을 미칠 수 있음을 보여준다. 이는 의료 환경 디자인이나 환자를 위한 예술 프로그램의 중요성에 대한 고민으로 이어질 수 있다.

마지막으로, 이 책은 의학을 단순한 과학 기술의 집합체가 아닌, 인간 경험의 총체적인 반영이자 문화 현상으로 이해하도록 이끈다. 의학과 예술 간의 지속적인 대화는 현대 의학이 고도로 발전하고 전문화될수록 더욱 절실해지는 인간 가치와 전인적 치유에 대한 고민에 응답하며, 의학에 인문학적 깊이와 감성적 온기를 더해줄 수 있는 소중한 자원이 될 수 있음을 시사한다. 이러한 성찰은 미래 의료인들이 좀 더 인간 중심적이고 총체적인 건강과 치유의 길로 나아가는 데 중요한 밑거름이 될 것이다.

MMI 쟁점과 분석

'예술은 좋은 의사를 만드는 데 어떻게 기여할 수 있을까?' 예술이 좋은 의사를 양성하는 데 기여할 수 있는 방식은 다면적이다. 『의미, 의학과 미술 사이』는 이러한 기여의 근거와 양상을 풍부하게 제시한다.

✛ 인간 이해 및 공감 능력 심화

『의미, 의학과 미술 사이』가 의학을 주제로 한 예술을 통해 인간의 삶과 고통, 치유의 본질을 성찰하려 하듯, 예술은 의사에게 환자의 고통과 경험을 더 깊이 이해하고 공감할 수 있는 통로를 제공한다. 책에서 언급된 "고통을 바라보는 시선"이라는 모티프처럼 예술 작품은 질병이 개인에게 미치는 주관적이고 정서적인 측면을 생생하게 전달하여, 의사가 환자를 단순한 의학 사례가 아닌 한 명의 고유한 인간으로 인식하도록 돕는다. 이는 공감 능력 함양에 직접적으로 기여한다.

✚ 전인적 관점 및 인문학적 소양 배양

이 책은 예술이 의학에 인문학적 깊이와 감성적 온기를 더할 수 있음을 역설한다. 현대 의학이 고도로 전문화되면서 환자를 질병 중심으로 파편화하여 보는 경향에 대해, 예술은 총체적 표현과 정서적 공명을 통해 의학에 대한 좀 더 통합적이고 인본주의적인 접근 방식을 제공한다. 예술을 접함으로써 의사는 질병을 생물학적 과정뿐만 아니라 심오한 인간 경험으로 바라보는 전인적 관점을 기를 수 있다.

✚ 관찰력, 분석력 및 해석 능력 향상

『의미, 의학과 미술 사이』는 미술 작품의 도상학적 의미, 양식적 특징, 상징성을 분석하는 과정을 보여준다. 이와 같은 예술 작품 분석 훈련은 의사가 환자의 미묘한 증상이나 비언어적 표현을 세밀하게 관찰하고, 복잡한 정보를 종합하여 정확한 진단을 내리는 데 필요한 분석력과 해석 능력을 향상시키는 데 도움을 준다.

✚ 의료의 역사적, 사회문화적 맥락에 대한 이해

이 책이 미술 작품을 통해 의학의 역사, 의사 이미지의 변천, 질병에 대한 사회적 인식을 추적하듯, 예술은 의학이 진공상태에서 발전한 것이 아니라 특정한 역사적, 사회문화적 맥락 속에서 형성되어 왔음을 이해시킨다. 이는 의사가 자신의 역할과 의료 행위의 사회적 의미에 대해 더욱 깊이 성찰하고, 다양한 배경을 가진 환자들을 더 잘 이해하는 데 기여한다.

✚ 의사 자신의 성찰과 정서적 회복 지원

예술은 생과 사를 다루며 높은 스트레스와 감정 노동에 직면하는 의사들에게 자신의 감정을 탐색하고 성찰하며, 때로는 정서적 위안과 회복을 얻는 수단이 될 수 있다.『의미, 의학과 미술 사이』가 예술을 통해 삶과 죽음을 성찰하고자 했던 것처럼, 예술 감상이나 창작 활동은 의사가 직업적 소명의식을 다지고 감정의 소진을 예방하는 데 긍정적인 역할을 할 수 있다.

예술은 의사에게 인간과 사회에 대한 깊은 이해, 공감 능력, 비판적 사고력, 그리고 풍부한 인문학적 통찰을 제공한다. 따라서 예술은 기술적으로 뛰어날 뿐 아니라 인간적으로도 성숙한 '좋은 의사'로 성장하는 데 핵심적인 기여를 할 수 있다.

저는 예술이 좋은 의사를 만드는 데 매우 중요한 방식으로 기여할 수 있다고 생각합니다. 『의미, 의학과 미술 사이』는 의학과 미술의 접점을 탐구하면서 예술이 어떻게 인간의 삶과 고통, 그리고 치유의 본질을 성찰하는지 잘 보여줍니다.

첫째, 예술은 의사에게 환자의 고통과 경험을 깊이 이해하고 공감하는 능력을 길러줍니다. 의학을 주제로 한 다양한 예술 작품은 질병이 단순한 생물학적 현상이 아니라, 한 인간의 삶에 미치는 다층적인 영향을 보여줍니다. 이를 통해 의사는 환자를 더욱 전인격적으로 이해할 수 있습니다.

둘째, 예술은 의사에게 세밀한 관찰력과 해석 능력을 기르는 데 도움을 줍니다. 『의미, 의학과 미술 사이』에서 다양한 미술 작품의 상징과 의미를 분석하듯, 예술을 접하는 과정은 환자의 미묘한 상태 변화를 감지하고 복잡한 정보를 종합하여 판단하는 능력을 향상시킵니다. 이 책이 미술을 통해 의학의 역사와 의사의 이미지가 어떻게 변화해 왔는지 보여주듯이, 예술은 의사가 자신의 역할과 책임이 무엇인지 깊이 고민하게 만듭니다.

결론적으로 예술은 의사에게 인간에 대한 깊은 통찰과 공감 능력을 제공하고, 의료의 인문학적 차원을 풍부하게 함으로써 환자를 더 잘 이해하고 돌보는 '좋은 의사'로 성장하는 데 핵심적인 역할을 한다고 믿습니다.

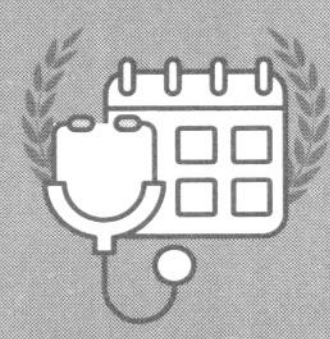

CHAPTER 5

의료 시사

BOOK.21

진료차트 속에 숨은 경제학

아누팜 B. 제나·크리스토퍼 워샴 | 어크로스

의료 행위는 왜 자주 불합리해지는가

『진료차트 속에 숨은 경제학』은 우리가 일상적으로 접하는 의료 현상 이면에 숨겨진 경제학적 원리들을 흥미로운 방식으로 파헤치는 책이다. 하버드 의과대학 교수이자 경제학자로 활동하는 저자들의 이력에서 알 수 있듯, 이 책은 의학적 판단과 결정이 순수한 과학적 근거나 환자의 상태만으로 이루어지는 것이 아니라, 때로는 예상치 못한 경제학적 힘, 인센티브 구조, 심지어는 우연처럼 보이는 요소 들에 의해 어떻게 영향을 받는지 다양한 실제 사례와 데이터를 통해 면밀히 분석한다.

이 책은 '자연 실험natural experiments'이라는 독특한 연구 방법을
활용하여 마치 잘 짜인 연구실 환경이 아닌 현실 세계의 의료 데
이터 속에서 뜻밖의 패턴과 인과관계를 발견해 내며 독자들에
게 신선한 충격과 함께 의료 시스템에 대한 근본적인 질문을 던
진다.

저자들은 의료 행위와 그 결과 역시 인간의 행동 경제학적 측
면과 무관하지 않으며, 때로는 의료 외적인 요인들이 환자의 건
강과 치료 과정에 중대한 영향을 미친다고 말한다. 예를 들어,
대형 학회 기간 중 응급실 사망률 변화나 특정 요일에 특정 시술
건수가 변동하는 현상 등을 통해 의사들의 의사결정이 얼마나
미묘한 환경적, 상황적 변수에 민감하게 반응하는지 보여준다.

이는 의료 서비스가 과연 완전한 정보와 합리성에 기반하여
제공되는지, 아니면 다양한 '숨은 힘'에 의해 그 질과 양이 좌우
되는지 고민하게 만든다. 이 책은 기존의 의학적 통념이나 관행
에 대해서도 경제학적 도구를 사용하여 비판적으로 재검토하
며, 때로는 비효율적이거나 불필요한 의료 행위가 지속되는 이
유를 시스템적, 경제적 유인 구조 속에서 찾아내기도 한다.

그렇다면 이러한 분석은 '의료 서비스는 공공재인가, 사적 재
화인가?'라는 해묵은 논쟁에 어떤 시사점을 던져줄까? 『진료차
트 속에 숨은 경제학』은 이 질문에 직접적인 답을 내리기보다

    PART 2 | 유형별로 살펴보는 MMI 핵심 쟁점

경제학적 분석을 통해 각 관점의 현실적 함의와 한계를 드러낸다. 만약 의료 서비스가 순수한 사적 재화로만 취급될 경우 발생할 수 있는 시장 실패의 가능성들, 예를 들어, 정보 비대칭으로 인한 비효율적 자원 배분, 지불 능력에 따른 의료 접근성의 극심한 차등, 예방보다 치료 중심의 시장 형성 등을 보여준다.

반대로 의료 서비스를 공공재로 인식하고 국가가 적극적으로 개입할 경우 발생할 수 있는 재정 부담이나 효율성 저하 문제 역시 경제학적 관점에서 냉철하게 분석할 수 있다. 저자들은 특정 의료 행위나 시스템이 공공의 이익에 얼마나 부합하는지, 혹은 특정 정책이 의도치 않게 어떤 경제 결과를 초래하는지 보여줌으로써 독자 스스로 의료 서비스의 본질과 적절한 공급 방식에 대해 고민하도록 이끈다.

이 책은 의료 서비스의 특정 영역(응급 의료, 감염병 관리, 필수 예방 접종 등)은 공공재적 성격이 강하며, 이러한 부분에 대한 사회 투자가 장기적으로 더 큰 경제 효용과 국민 건강 증진을 가져올 수 있다는 논거를 제공한다.

결국 『진료차트 속에 숨은 경제학』은 의료계 종사자들과 정책 입안자들, 나아가 일반 대중에게도 의료 현상을 바라보는 새로운 프레임을 제공한다. 의사들은 자신의 진료 행위가 환자뿐만 아니라 사회 전체의 자원 배분에 미치는 영향을 경제학적 관점에서 성찰해 볼 수 있으며, 비의학적 요인이 환자에게 미치는 영향을 최소화하려는 노력을 기울일 수 있다. 정책 입안자들은 데이터에 기반한 증거 중심적 정책 수립을 통해 한정된 의료자원을 좀 더 효율적이고 공평하게 배분하는 방안을 모색하는 데 이 책의 통찰을 활용할 수 있을 것이다. 환자 역시 이 책을 통해 자신이 받는 의료 서비스의 이면에 작용하는 다양한 힘들을 이해함으로써 좀 더 현명한 의료 소비자가 될 수 있다.

이 책은 진료실 안팎에서 벌어지는 수많은 선택과 결과들이 결코 단순하지 않음을, 그리고 그 속에 숨겨진 경제학적 맥락을 이해하는 것이 좀 더 건강하고 합리적인 의료 시스템을 만들어가는 첫걸음임을 설득력 있게 보여준다.

MMI 쟁점라 분석

'의료 행위는 공공재일까, 사유재일까?' 의료 행위의 성격을 규정하는 것은 의료 시스템의 설계와 운영 방향을 결정짓는 핵심 문제다. 『진료차트 속에 숨은 경제학』은 의료 현상 이면에 숨겨진 경제학 원리를 탐구함으로써 이 논쟁에 대한 깊이 있는 통찰을 제공한다.

✚ 의료 행위를 '사유재 Private Good'로 보는 관점의 논리적 구성

- **핵심 주장:** 의료 서비스도 다른 재화나 서비스처럼 시장 원리에 따라 공급되고 소비될 수 있으며, 그래야 효율성과 질적 향상을 도모할 수 있다.

- **주요 논거**

경쟁을 통한 질 향상 및 효율성 증대: 의료기관 간의 경쟁은 더 나은 서비스와 합리적인 비용을 유도할 수 있다.『진료차트 속에 숨은 경제학』은 의료 시장의 다양한 인센티브 구조와 그 효과를 분석하면서 이러한 경쟁의 동기를 탐구한다.

소비자의 선택권 보장: 개인은 자신의 선호와 지불 능력에 따라 다양한 수준과 종류의 의료 서비스를 선택할 권리가 있다.

의료 공급자의 동기 부여: 시장 경쟁은 의료 기술 발전과 혁신에 대한 동기를 부여하여 의료 산업 전체의 발전을 이끌 수 있다.

재정 부담의 개인화: 국가의 재정 부담을 줄이고 의료 서비스를 이용하는 개인이 비용을 부담하는 것이 합리적일 수 있다.

한계점: 정보 비대칭 문제(환자는 의사보다 정보가 부족), 응급 상황에서 합리적 선택의 어려움, 지불 능력에 따른 의료 접근성 불평등 심화 가능성 등 의료 시장의 특수성으로 벌어지는 시장 실패 가능성을 간과할 수 있다.『진료차트 속에 숨은 경제학』은 이러한 시장 실패 사례를 데이터로 보여준다.

✚ 의료 행위를 '공공재 Public Good'로 보는 관점의 논리적 구성

- **핵심 주장:** 의료는 모든 국민이 누려야 할 기본 권리이며, 건강한 사회 구성원은 사회 전체의 안정과 발전에 기여하므로 국가가 적극적으로 개입하여 형평성 있는 접근을 보장해야 한다.

- **주요 논거**

  생명권 및 건강권 보장: 의료는 인간의 기본 권리인 생명권 및 건강권과 직결되므로 이윤 추구의 대상보다 사회 전체가 함께 책임져야 할 영역이다.

  정보 비대칭과 시장 실패: 환자는 의료 서비스에 대한 정보가 절대적으로 부족하여 합리적인 선택을 하기 어렵다. 『진료차트 속에 숨은 경제학』은 이러한 정보 비대칭이 의료자원 배분의 비효율성을 초래하는 사례를 제시한다.

  긍정적 외부효과 positive externalities: 개인의 건강 증진은 사회 전체의 생산성 향상, 질병 확산 방지 등 다양한 긍정적 외부효과를 창출한다. 예방접종이나 감염병 관리가 대표적이다.

  사회적 연대와 형평성: 소득 수준에 관계없이 누구나 필요한 의료 서비스를 받을 수 있도록 하는 것은 사회 연대의 중요한 표현이자 건강 불평등을 해소하는 길이다.

  필수 불가결성: 의료는 삶에 필수 요소이므로 시장 논리에만 맡겨서는 안 되며, 국가는 의료 서비스의 질과 접근성을 보장할

책임이 있다. 『진료차트 속에 숨은 경제학』은 특정 공공 보건 프로그램이 장기적으로 사회 전체에 가져오는 경제 이익(의료비 절감, 노동 생산성 향상)을 데이터로 분석하여 공공재적 접근의 타당성을 뒷받침한다.

의료 행위는 순수한 사유재도, 순수한 공공재도 아닌 복합적인 성격을 지닌다고 볼 수 있다. 다만 그 근본적인 중요성과 사회에 미치는 영향을 고려할 때 공공재적 성격을 강화하고 사회 책임을 강조하는 방향으로 제도를 설계하고 운영하는 것이 바람직하다는 주장이 설득력을 얻는다.

의료 행위의 성격에 대해서는 공공재와 사유재라는 두 가지 관점이 존재하지만, 저는 의료 행위가 본질적으로 공공재적 성격을 매우 강하게 지닌다고 생각합니다.

『진료차트 속에 숨은 경제학』은 의료 현상 이면에 작용하는 경제학적 원리를 탐구하는 책입니다. 이러한 분석을 통해 볼 때, 의료 시장은 일반 시장과 달리 심각한 정보 비대칭이 존재하고, 질병과 치료는 개인의 삶에 큰 영향을 미쳐서 수요의 비탄력성이 매우 큽니다. 만약 의료를 시장 논리에만 맡긴다면 경제 능력에 따라 의료 접근성에 큰 불평등이 발생하고, 예방보다는 치료 중심의 비효율적인 자원 배분이 이루어질 가능성이 높습니다.

또한 건강한 국민은 사회 전체의 안정과 발전에 기여하는 중요한 자산입니다. 전염병 예방이나 공중 보건 향상을 위한 의료 행위는 명백한 긍정적 외부효과를 지니며, 이는 사회 전체의 이익으로 환원됩니다. 특정 질병에 대한 사회적 투자는 장기적으로 더 큰 의료비 지출을 막고 국민 건강 수준을 향상시켜 궁극적으로 사회 전체의 경제 효용을 증진시킬 수 있습니다.

따라서 저는 의료 행위가 단순한 사적 재화를 넘어, 모든 국민의 기본 권리로서 국가와 사회가 그 접근성을 보장하고 의료의 질을 관리해야 하는 핵심적인 공공 서비스라고 생각합니다.

BOOK.22

진료실 자본론

전영웅 | 청아출판사

의료 서비스를
움직이는 돈의 힘

의과대학을 졸업하고 현재 개원의로 활동 중인 전영웅 저자의 『진료실 자본론』은 우리가 이상적으로 생각하는 의료의 모습과 실제 의료 현장 사이의 간극을 예리하게 포착하고, 그 중심에 자리한 경제 논리를 정면으로 파헤치는 책이다. 저자는 매일 환자를 대하는 임상 의사의 경험을 바탕으로, 때로는 불편하지만 외면할 수 없는 의료계의 현실, 즉 자본주의 시스템이 진료와 치료의 과정, 그리고 의사와 환자의 관계에 어떻게 스며들어 작동하는지 생생하게 고발한다.

이 책은 단순한 의료계 비판을 넘어 '의료 서비스는 과연 모든 이에게 공정한가?'라는 근본적인 질문을 독자에게 던지면서 특히 의사를 꿈꾸는 젊은이들에게는 앞으로 마주하게 될 복잡한 현실에 대한 깊이 있는 성찰을 요구한다. 저자의 시선은 냉철하면서도 현장에 대한 깊은 애정을 담고 있어, 문제 제기에 그치지 않고 더 나은 의료를 위한 고민의 실마리를 제공한다.

『진료실 자본론』은 현대 의료가 아무리 숭고한 가치를 지향한다 할지라도 자본주의라는 거대한 시스템의 영향력에서 자유로울 수 없으며, 이로 인해 의료 현장 곳곳에서 '자본의 논리'가 개입하여 의료 불평등을 야기하거나 심화시킨다고 말한다.

저자는 '진료실'이라는 미시적인 공간 안에서조차 환자의 사회경제적 지위나 정보 접근성, 지불 능력 등이 알게 모르게 진료의 내용과 질, 심지어는 의사의 태도에까지 영향을 미치는 다양한 사례를 제시한다. 그는 값비싼 비급여 진료의 권유, 특정 병원으로의 환자 쏠림 현상, 필수 의료 분야의 인력 부족 문제, 그리고 이윤을 추구하는 대형 병원과 제약 산업의 보이지 않는 힘이 어떻게 개별 환자의 치료 경험을 왜곡하고 의료자원 배분의 불균형을 초래하는지 날카롭게 분석한다.

전영웅 저자는 이러한 현상들이 단순히 몇몇 개인의 도덕적 해이 문제가 아니라, 의료를 하나의 산업으로 간주하고 효율성과 수익성을 우선하는 시스템에서 비롯된다고 진단한다. 결국 이 책은 '누구나 공정하게 의료 혜택을 받을 수 있는가?'라는 질문에 대해 현실은 이상과 거리가 멀며, 자본 논리가 때로는 생명 가치보다 우선될 수 있는 위험한 상황들이 존재함을 경고하는 것이다.

『진료실 자본론』에서 제기하는 문제들은 의대 진학을 준비하는 학생들에게 중요한 시사점과 활용 방안을 제공한다.

첫째, 의료 현장에 대한 현실적이고 균형 잡힌 시각을 갖추는 데 도움을 준다. 의학 드라마나 이상적인 이야기만으로는 알 수 없는 의료계의 복잡한 이면과 구조적 문제들을 미리 접함으로써 막연한 환상에서 벗어나 의사라는 직업의 무게와 사회적 책임을 좀 더 구체적으로 인지할 수 있다.

둘째, 의료 불평등과 건강의 사회적 결정 요인Social Determinants of Health에 대한 깊이 있는 이해를 가능하게 한다. 이 책을 통해 학생들은 질병이 단순히 개인의 생물학적 문제만이 아니라, 사회경제 환경과 밀접하게 연관되어 있음을 깨닫고, 모든 환자를 평등하게 대하고 그들의 배경을 이해하려는 노력이 왜 중요한지를 성찰할 수 있다.

셋째, MMI와 같은 심층 면접에 대비하는 데 효과적인 논거와 관점을 제공한다. 의료 윤리, 의료 시스템, 건강 불평등, 의사의 사회적 책임 등 MMI에서 자주 다루어지는 주제에 대해 자신만의 비판적이고 논리적인 생각을 정립하는 데 이 책은 훌륭한 참고자료가 될 수 있다.

넷째, 미래 의료인으로서 사회적 책무가 무엇인지 생각해 보는 계기가 된다. 단순히 질병을 치료하는 기술자가 아닌, 더 공정하고 정의로운 의료 시스템을 만드는 데 기여하고자 하는 소명의식을 갖는 데 영감을 줄 수 있다.

마지막으로, 자신의 진로와 가치관을 재점검하는 계기를 제공한다. 이 책을 통해 의료 현장의 빛과 그림자를 접하면서 자신이 진정으로 추구하는 의사의 모습은 무엇인지, 그리고 어떤 어려움과 딜레마를 감수할 준비가 되어 있는지 스스로에게 질문을 던져볼 수 있다.

결국 『진료실 자본론』은 예비 의학도들에게 따끔한 현실 인식을 제공하는 동시에, 그럼에도 왜 우리가 더 나은 의료를 위해 고민하고 노력해야 하는지 열정을 불러일으키는 의미 있는 길잡이가 되어준다.

MMI 쟁점과 분석

'누구나 공정하게 의료 혜택을 받을 수 있는 영국식 의료가 우리 의료의 미래일까?' 영국식 의료 시스템(NHS 모델) 도입은 의료 불평등 해소와 보편적 의료 보장이라는 이상적 목표를 제시하지만, 동시에 여러 현실 문제와 우려를 안고 있다. 『진료실 자본론』은 한국 의료 현실 속 자본의 논리와 그로 인한 불평등을 지적한다는 점에서 이 문제에 대한 비판적 시각을 제공한다.

➕ 영국식 의료(NHS 모델) 도입 찬성 근거

- **의료 접근성 및 형평성 극대화:** 국가가 의료 서비스의 대부분을 직접 소유하고 운영함으로써 모든 국민에게 소득 수준이나 지역에 관계없이 보편적이고 동등한 의료 서비스를 제공하여 의료 불평등을 근본적으로 해소할 수 있다. 『진료실 자본론』에서 비판한 '자본의 논리'에 따른 의료 서비스 차등화 문제를 원천적으로 차단할 수 있다.
- **의료의 공공성 강화:** 의료를 시장의 이윤 추구 대상이 아닌 국민의 기본권이자 국가가 책임지는 공공 서비스로 확립하여 상업화를 방지하고 국민 건강 증진에 집중할 수 있다.
- **의료비 통제 용이성:** 국가가 의료비 총액을 관리하고 의료 행위

및 약가 등을 통제함으로써 불필요한 의료 지출을 억제하고 전체 의료비 상승을 효과적으로 관리할 수 있다.

- **필수 의료 및 공중 보건 안정적 확보**: 시장 논리로는 수익성이 낮아 공급이 불안정할 수 있는 필수의료 분야나 예방 중심의 공중 보건 시스템을 국가가 안정적으로 운영하고 투자할 수 있다.

✚ 영국식 의료(NHS 모델) 도입 반대 또는 신중론 근거

- **막대한 국가 재정 부담**: 전면적인 국영 의료 시스템을 운영하고 유지하기 위해서는 막대한 국가 재정이 소요되며, 이는 높은 조세 부담으로 이어질 수 있다.

- **의료 서비스 질 저하 및 선택권 제한 우려**: 국가의 독점 공급은 경쟁 부재로 이어져 의료 서비스의 질이 하향 평준화될 수 있으며, 환자의 의료기관 및 의사 선택권이 크게 제한될 수 있다.

- **긴 대기 시간 및 관료주의적 비효율성**: 영국 NHS의 대표적인 문제점으로 지적되는 진료 및 수술 대기 시간이 길어질 수 있으며, 거대한 관료 조직 운영에 따른 비효율성이 발생할 수 있다.

- **의료인의 동기 저하 및 혁신 지연**: 의사의 자율성 축소, 획일화된 보상 체계 등은 의료인의 직업 만족도와 사기를 저하시키고,

의료 기술 혁신이나 새로운 서비스 개발의 동기를 약화시킬 수 있다.

- **한국 현실과의 괴리 및 전환 비용:** 이미 민간 의료기관이 의료 공급의 상당 부분을 차지하고 있는 한국 현실에서, 영국식 모델로 전면적 전환을 시도한다면 엄청난 사회 비용과 혼란을 야기할 수 있다. 『진료실 자본론』이 한국 의료 시스템 내의 문제를 지적하고 있지만, 이를 시정하기 위해서는 현 시스템의 점진적 개선과 공공성 강화를 모색하는 방향이 더 현실적이다.

영국식 의료는 형평성과 공공성 측면에서 강점을 지니지만 재정, 효율성, 선택권, 의료인의 동기 부여 등 다양한 측면에서 해결해야 할 과제 또한 안고 있다. 따라서 한국 의료가 나아갈 길을 모색하다면 영국식 모델의 이상과 현실을 면밀히 검토하여 우리 실정에 맞는 균형점을 찾는 것이 중요하다.

의료 불평등 해소와 공정한 의료 혜택 보장은 매우 중요한 과제입니다. 영국식 의료 모델은 모든 국민에게 보편적 의료를 제공한다는 점에서 그 시스템이 추구하는 이상은 높이 평가할 만합니다.

하지만 저는 영국식 모델로 전면 전환하기보다 현재 우리나라의 국민 건강 보험 제도를 기반으로 한 의료 시스템을 유지하고 발전시키는 것이 더 현실적인 대안이라고 생각합니다. 영국식 모델은 각대한 재정 부담, 긴 대기 시간, 의료 서비스의 획일화와 같은 문제점을 안고 있으며, 이는 우리나라 상황과 맞지 않을 수 있습니다. 반대로 미국과 같은 시장 중심의 의료 시스템은 『진료실 자본론』에서 지적한 것처럼 지나친 영리 추구와 의료 접근성의 심각한 불평등을 낳을 수 있습니다.

우리나라 건강보험 제도는 비교적 낮은 비용으로 높은 의료 접근성을 제공하며, 국민 대다수가 양질의 의료 서비스를 이용할 수 있는 중요한 기반이 되고 있습니다. 물론 『진료실 자본론』에서 제기하고 있는 문제, 즉 필수의료 분야의 어려움, 지역 간 의료 불균형, 일부 의료의 상업화 같은 문제는 분명히 존재하며 개선이 필요합니다.

따라서 저는 현 제도의 강점을 살리면서 공공의료 투자를 확대하고, 필수의료 분야에 대한 지원을 강화하며, 지역 의료 격차를 해소하는 등 점진적인 개혁을 통해 의료의 공공성과 형평성을 높여나가는 것이 바람직하다고 생각합니다. 영국식 모델을 그대로 따르기보다는, 우리 현실에 맞는 방식으로 현 제도의 장점을 극대화하고 단점을 보완하는 것이 모든 국민에게 공정하고 질 높은 의료 혜택을 제공하는 길이라고 믿습니다.

BOOK.23

사회 면역

로베르토 에스포지토 | 크리티카

전염병을 통한 사회 면역체계의 진실 파헤치기

이탈리아의 저명한 정치철학자 로베르토 에스포지토의 『사회 면역』은 단순한 감염병 대응 기록이나 의학적 분석을 넘어 팬데믹이라는 극한 상황이 현대 사회의 생명 관리 방식, 즉 '생명정치biopolitics'와 공동체 본질을 어떻게 드러내고 또 재편하는지 철학적 관점에서 심층적으로 탐구하는 역작이다.

에스포지토는 '면역immunitas'이라는 독창적인 개념을 통해 공동체가 생존을 위해 스스로를 보호하는 과정에서 발생하는 필연적인 배제와 자기희생 논리를 파헤치는데, 이는 특히 팬데믹 상황에서 개인의 자유와 공공의 이익이라는 두 가치가 어떻게 첨예하게 대립하고 위태롭게 공존하는지에 대한 근본적인 질문 이기도 하다.

이 책은 전염병이라는 위협 앞에서 사회가 어떻게 '면역' 체계를 구축하고, 그 과정에서 어떤 생명은 보호받고 어떤 생명은 위험에 노출되거나, 심지어 부정되는지 비판적으로 성찰하면서 미래의 팬데믹에 대비하기 위한 철학적 토대를 마련한다.

『사회 면역』은 공동체의 보호와 생존을 위한 '면역' 논리가 필연적으로 공동체의 개방성과 상호성에 기반한 '코무니타스communitas'의 가치와 긴장 관계에 놓인다고 강조한다. 에스포지토에게 '면역'은 단순히 외부의 위협으로부터 자신을 방어하는 것을 넘어, 때로는 공동체 일부를 '희생'하거나 '부정'함으로써 전체를 보존하려는 역설적인 메커니즘이다. 팬데믹 상황에서 이러한 면역 논리는 극명하게 드러나는데, 사회 전체의 건강과 안전이라는 '공공의 이익'을 위해 개인의 이동 자유, 사생활, 경제 활동의 자유 등이 제한되고, 특정 집단이 더 큰 위험에 노출되거나 차별받는 현상이 발생하기도 한다.

저자는 이 과정이 국가가 개인의 생명과 건강을 관리하고 통제하는 '생명정치'의 강화로 이어진다는 점을 지적하면서 '방역'

이라는 이름으로 시행되는 다양한 조치가 단순한 보건 문제를 넘어, 개인의 권리와 사회 관계를 근본적으로 재구성하는 정치 행위임을 강조한다.

이 책은 팬데믹 상황에서 '개인의 자유'와 '공공의 이익' 중 무엇이 우선되어야 하는가라는 이분법적 질문을 넘어, 어떻게 하면 공동체를 보호하면서도 그 과정에서 발생하는 폭력과 배제를 최소화하고, 모든 생명의 가치를 존중하는 '긍정적 생명 정치'를 모색할 수 있을지에 대한 철학적 허답을 찾아 나선다.

『사회 면역』은 의학을 공부하는 학생들에게 전염병학 지식을 넘어선 깊이 있는 통찰과 비판적 사고의 틀을 제공한다는 점에서 매우 유용하게 활용될 수 있다.

첫째, 공중 보건 윤리에 대한 심층적 이해를 돕는다. 팬데믹 상황에서 내려진 수많은 의학적, 정책적 결정, 예를 들어 백신 배분 우선순위, 치료 자원 할당, 격리 조치의 강제성 등은 단순한 과학적 판단을 넘어 복잡한 윤리적 딜레마를 내포한다. 이 책은 이러한 결정들이 어떤 철학적 기반 위에서 이루어져야 하며, 그 과정에서 간과될 수 있는 소수자의 권리나 사회적 약자에 대한 고려가 왜 중요한지를 깨닫게 한다.

둘째, 의료 행위의 사회적, 정치적 함의를 인식하게 한다. 의사는 단순한 질병 치료자를 넘어 팬데믹 같은 위기 상황에서는 사회 안정과 공공 안전을 지키는 중요한 역할을 수행한다. 에스포지토의 생명정치 논의는 의사들이 자신의 의료 행위가 개인의 건강뿐만 아니라 사회 전체의 질서와 권력 관계에 어떤 영향을 미치는지 성찰하고, 좀 더 책임감 있는 자세로 임상에 임하도록 이끈다.

셋째, '개인의 자유 대 공공의 이익'이라는 MMI 단골 쟁점에 대한 다층적 답변을 준비하는 데 매우 유용하다. 이 책은 두 가치가 어떻게 상호 연관되고 충돌하는지, 그리고 '면역'이라는 개념을 통해 어떻게 공동체가 이 긴장을 관리하려 하는지 보여줌으로써 피상적인 찬반 논리를 넘어선 깊이 있는 답변을 구성하는 데 필요한 철학적 논거를 제공한다.

넷째, 미래 의료인으로서 가져야 할 비판적 사고와 사회적 책임감을 고취한다. 기술 중심적이고 때로는 비인간적으로 흐를 수 있는 현대 의학의 흐름 속에서 에스포지토의 철학은 생명의 가치, 인간 존엄성, 사회 연대와 같은 근본 가치를 되새기게 하며, 의학이 나아가야 할 방향에 대한 인문학적 성찰을 촉구한다.

『사회 면역』은 의학도들이 팬데믹이라는 특수한 상황을 넘어 일상적인 의료 현장에서도 마주하게 될 수많은 윤리적, 사회적 문제에 대해 좀 더 넓고 깊은 시각으로 접근하고, 인간 중심의 의료를 실천하는 데 필요한 철학적 자양분을 제공할 것이다.

MMI 쟁점과 분석

'팬데믹 상황에서 개인의 자유와 공공의 이익, 무엇이 우선일까?' 팬데믹과 같은 공중 보건 위기 상황에서 개인의 자유와 공공의 이익 중 무엇을 우선해야 하는가는 매우 어려운 윤리적 딜레마다. 『사회 면역』에서 논하듯, 공동체의 '면역'을 확보하여 생존을 도모하는 과정은 필연적으로 개인의 권리나 공동체 삶의 일부를 제한하거나 '부정'하는 양상을 띨 수 있다.

✚ 개인의 자유 우선론의 근거

- **기본 인권으로서 자유의 중요성:** 개인의 자유, 특히 신체의 자유, 사생활의 자유, 이동의 자유, 집회·결사의 자유 등은 민주주의 사회의 근간을 이루는 핵심적인 기본권이다. 이는 어떠한 상황에서도 최대한 존중되어야 한다.

- **국가 권력 남용 방지 및 과도한 통제 경계:** 공공 이익이라는 명분 아래 개인의 자유가 과도하게 제한될 경우 국가 권력의 남용으로 이어져 권위주의적 통제 사회로 변질될 위험이 있다. 에스포지토가 언급하는 '생명정치'의 확장 과정에서 국가는 개인의 삶을 과도하게 관리하고 통제하려는 유혹에 빠질 수 있다.

- **개인의 자율성과 책임 존중**: 개인은 자신의 건강과 안전에 대해 스스로 판단하고 책임질 수 있는 자율적인 주체로 보아야 한다. 강제 조치보다는 충분한 정보 제공과 설득을 통해 개인의 자발적인 협조를 이끌어내는 것이 장기적으로 더 효과적이다.
- **사회적 다양성 및 활력 유지**: 지나친 규제와 자유의 억압은 사회 구성원의 창의성과 자율성을 위축시키그 사회 전체의 활력을 떨어뜨릴 수 있다.

✚ 공공의 이익 우선론의 근거

- **생명권 보호라는 최우선 가치**: 팬데믹 상황에서는 다수의 생명과 건강을 보호하는 것이 다른 어떤 가치보다 우선될 수 있다. 개인의 자유도 중요하지만 타인의 생명과 건강을 심각하게 위협하는 상황에서는 일정 부분 제한될 수 있다는 논리다.
- **공동체 보호와 '사회 면역'의 필요성(에스포지토의 관점)**: 공동체가 전염병이라는 외부 위협으로부터 스스로를 보호하기 위해서는 '면역' 체계를 구축해야 하며, 이는 때로는 개인의 자유를 제한하는 조치(격리, 이동 제한, 마스크 착용 의무화 등)를 통해 달성될 수 있다. 이러한 '사회 면역'은 공동체 전체의 생존을 위한 불가피한 선택이다.
- **전염병의 강력한 전파력과 외부 효과**: 전염병은 한 개인의 문제

를 넘어 사회 전체로 확산될 수 있는 강력한 외부 효과를 지
닌다. 따라서 개인의 행동이 타인의 건강에 직접적인 영향을
미치므로 공공의 안전을 위해 개인의 행동에 대한 일정 수준
의 규제가 정당화될 수 있다.

- **의료 시스템 붕괴 방지:** 개인의 자유를 무제한적으로 허용하여
감염이 폭증할 경우, 한정된 의료자원으로는 이를 감당할 수
없게 되어 의료 시스템 전체가 붕괴하고 더 큰 사회적 혼란과
피해를 야기할 수 있다.
- **사회적 약자 보호의 책무:** 고령층, 기저질환자 등 감염병에 더욱
취약한 사회적 약자들을 보호하기 위해 건강한 다수가 일시
적으로 자신의 자유를 일부 양보하고 방역 조치에 협조하는
것은 공동체적 연대의 중요한 표현이다.

개인의 자유와 공공의 이익 중 무엇이 먼저인가라는 딜레마는
어느 한쪽의 절대 우위를 인정하기 어렵다. 상황의 심각성, 과학
적 근거, 민주 절차, 그리고 비례 원칙 등을 종합적으로 고려하여
균형점을 찾는 사회 합의와 노력이 지속적으로 필요하다.

개인의 자유와 공공의 이익은 모두 우리 사회가 지켜나가야 할 매우 중요한 가치라고 생각합니다. 저는 민주주의 사회에서 개인의 자유가 기본적으로 최대한 존중되고 보장되어야 한다는 원칙에 동의합니다.

그러나 팬데믹과 같은 특수하고 심각한 공중 보건 위기 상황에서는 다수의 생명과 안전이라는 또 다른 핵심적인 공공 이익을 보호하기 위해 개인의 자유가 일시적으로, 그리고 불가피한 최소한의 범위 내에서 유예되거나 제한될 필요성이 발생할 수 있다고 생각합니다. 이는 『사회 면역』에서 언급한 것처럼 공동체를 보호하기 위한 '면역' 조치가 때로는 개인의 영역을 침범하는 형태로 나타날 수 있다는 점과 맥을 같이 한다고 볼 수 있습니다.

물론 이러한 제한은 법적 근거 아래에서 투명한 절차를 통해 이루어져야 하며, 그 필요성과 효과가 과학적 근거에 기반하고 비례 원칙에 부합해야 합니다. 또한 제한되는 자유와 보호되는 공익 사이의 균형을 끊임없이 고민하고, 사회 구성원들과 충분한 소통과 합의를 통해 결정해야 합니다.

팬데믹이라는 예외 상황이 해소되면 제한되었던 개인의 자유는 신속하고 완전하게 회복되어야 합니다. 결국 개인의 자유를 기본 원칙으로 존중하되, 공동체의 안전과 생존이라는 가치가 위협받는 상황에서는 엄격한 조건 아래에서 사회 합의를 통해 개인의 자유가 일시적으로 유예될 수 있다고 생각합니다.

BOOK.24

개념 의료

박재영 | 청년의사

한국의 의료 시스템에서 의사는 어떻게 소모되는가

의료 현장의 고질적인 문제로 지적되는 의사들의 과도한 노동 시간과 열악한 근무 환경은 어제오늘 이야기가 아니다. 연세대학교 의대를 졸업하고 출판사 청년의사를 경영하는 박재영이 쓴 『개념 의료』는 바로 이 문제의 핵심을 파고든다. 단순히 현상을 개탄하는 것을 넘어 문제 해결을 위한 근본적인 '개념' 전환을 촉구하는 시의적절하고도 날카로운 진단서라 할 수 있다.

저자는 다년간의 임상 경험을 바탕으로 한국 의료 시스템이 어떻게 의사들의 소진을 구조적으로 야기하는지, 그리고 이러한 환경이 결국 환자의 안전과 의료의 질에 어떤 영향을 미치는지 심층적으로 분석한다. 이 책은 단순히 의사 개인의 어려움을 토로하는 것이 아니라 지속 가능한 의료 시스템을 위해 우리 사회 전체가 고민해야 할 '의료의 새로운 개념'을 제시하고자 하는 치열한 문제의식이 담겨 있다.

『개념의료』의 핵심 주장은 의사의 과로 문제가 개인적인 희생이나 직업윤리만으로 해결될 수 없는 시스템의 문제이며, 이를 해결하기 위해서는 의료 행위와 의사의 역할, 그리고 의료 시스템 전반에 대한 근본적인 인식의 전환, 즉 '개념 의료'로 패러다임이 전환되어야 한다는 것이다.

저자는 현재 한국 의료 시스템이 낮은 수가, 비효율적인 인력 운용, 경직된 병원 문화, 그리고 의료진의 소명의식에 과도하게 의존하는 구조 속에서 의사들에게 살인적인 노동을 강요하고 있다고 진단한다. 이는 결국 의료진의 번아웃을 불러오고, 의료 과실의 위험을 높이며, 필수의료 분야의 기피 현상을 심화시켜 의료 공백이라는 부메랑으로 돌아온다고 저자는 경고한다. 따라서 저자가 제시하는 '개념 의료'는 의사를 단순한 의료 서비스 제공자로 보는 시각에서 벗어나, 고도의 전문성과 윤리 의식을 갖춘 핵심 인적 자원으로 인식하고, 이들의 신체적·정신적 안

녕이 곧 환자 안전과 직결된다는 점을 시스템 설계의 기본 전제로 삼아야 한다고 역설한다. 구체적으로는 적정 진료 시간 보장, 합리적인 업무 분담 및 인력 충원, 의료인의 법적 안정성 강화, 그리고 일과 삶의 균형을 존중하는 조직 문화 조성 등 다각적인 해결책을 시스템 차원에서 모색해야 한다고 강조한다.

『개념 의료』는 의대 진학을 준비하는 학생들이 앞으로 마주하게 될 의료 현장의 현실을 이해하고, 미래 의료인으로서 자신의 역할을 고민하는 데 매우 중요한 시사점을 제공한다.

첫째, 의료 현장에 대한 현실적이고 균형 잡힌 시각을 갖게 한다. 많은 학생들이 의학 드라마나 이상적인 모습만 보고 의사가 되고 싶어 하지만, 이 책은 의사들이 겪는 실제적인 어려움과 시스템의 한계를 보여줌으로써 직업에 대한 좀 더 깊이 있는 이해를 돕는다.

둘째, 의료 시스템과 정책에 대한 관심을 촉구한다. 좋은 의사가 되기 위해서는 뛰어난 의학 지식과 기술뿐만 아니라, 자신이 속한 의료 시스템의 문제점을 인식하고 이를 개선하려는 노력 또한 중요하다는 점을 이 책은 강조한다.

셋째, 미래 의료인으로서 사회적 책임감과 윤리 의식을 고취한다. 의사의 과로가 환자 안전에 미치는 영향을 이해함으로써 단순히 개인의 성공을 넘어 사회 전체의 건강 증진에 기여하는 의사의 역할에 대해 고민하게 한다.

넷째, 자기 관리와 회복탄력성이 얼마나 중요한지 미리 인지하게 한다. 의사라는 직업이 높은 스트레스와 감정 노동을 수반한다는 사실을 이해하고, 장기적으로 건강하게 전문가로서 성장하기 위해 자기 관리 능력과 회복탄력성을 키워야 함을 배우게 된다.

마지막으로 진로 선택과 가치관 정립에 도움을 준다. 의료계의 현실을 직시함으로써 자신이 어떤 가치를 우선하며 어떤 분야에서 어떻게 기여하고 싶은지에 대한 진지한 성찰을 통해 좀 더 명확한 진로 계획을 세울 수 있다.

『개념의료』는 이처럼 예비 의학도들에게 단순한 직업 안내서가 아니다. 그들이 만들어갈 미래 의료 환경에 대한 비판적 사고와 능동적 참여를 독려하는 의미 있는 질문을 던지는 책이라 할 수 있다.

MMI 쟁점과 분석

'과로하는 의사와 워라밸을 추구하는 의사 중에서 어떤 의사의 삶을 살고 싶은가?' 의사로 살아가는 모습은 종종 극단적인 헌신과 개인 생활의 균형이라는 두 가치 사이에서 논의된다. 『개념 의료』는 이러한 현실, 특히 한국 의료계의 과로 문제와 시스템의 원인을 지적하면서 지속 가능한 의료 환경에 대한 질문을 던진다. 이 쟁점에 대한 질문을 받았다면 각 가치의 중요성을 이해하고, 자신만의 우선순위와 소명을 어떻게 설정하는지 보여주는 답변을 제시하는 게 좋다.

✚ '과로하는 의사'를 선택하거나 현실로 받아들이는 입장

- **환자 중심의 사명감과 직업 윤리:** 생명을 다루는 의사의 본질적 책임감과 소명 의식을 최우선으로 삼는다. 의사는 환자의 고통을 외면할 수 없으며, 긴급 상황이 발생했을 때 자신의 시간을 기꺼이 할애하려는 자세를 보여야 한다.

- **의료 전문성 습득과 수련 과정의 특수성:** 특히 수련의 과정이나 특정 필수의료 분야에서는 집중적인 경험과 학습을 위해 고강도 근무가 불가피하거나 전문성 향상에 도움이 된다.

- **현실적 의료 시스템의 한계 인지:** 『개념 의료』에서 지적하듯, 현재 한국 의료 시스템의 구조적 문제(낮은 수가, 인력 불균형 등)로 의사 개인의 의지와 무관하게 의사들이 과로에 내몰릴 수밖에 없는 현실을 인정하고, 그 안에서 최선을 다하겠다는 책임감을 보인다.

- **학문적 성취 및 사회 기여에 대한 열망:** 연구, 교육, 사회봉사 등 다 방면에 헌신하며 더 큰 기여를 하고 싶다는 열정을 보여준다.
- **위기 상황에서의 헌신:** 팬데믹 같은 국가 재난 상황에서는 개인의 워라밸을 넘어선 의료인으로서 헌신이 요구될 수 있음을 받아들인다.

✚ '워라밸을 추구하는 의사'를 선택하는 입장

- **의료인의 지속 가능성 및 소진(번아웃) 예방:**『개념 의료』에서 논의된 주제로, 의사도 인간이므로 신체적, 정신적 건강을 유지해야 장기적으로 양질의 의료 서비스를 제공할 수 있다. 과로는 결국 소진으로 이어져 의료 현장을 떠나게 만들 수 있다.
- **환자 안전 증진:** 의사의 과로는 집중력 저하, 판단 오류 등으로 이어져 환자 안전에 심각한 위협이 될 수 있다. 의사의 적절한 휴식과 컨디션 유지는 곧 환자 안전과 직결된다.
- **개인의 삶의 가치 존중:** 의사 역시 직업인 이전에 한 명의 개인으로서 가족과의 시간, 취미 생활, 자기 계발 등 개인적인 삶의 가치를 추구할 권리가 있으며, 이는 직업 만족도와도 연결된다.
- **의료 시스템 개선의 필요성 환기:** 워라밸 추구는 단순히 개인의 편의를 넘어 과로를 당연하게 여기는 의료계 문화를 비판하

고, 『개념 의료』에서 제시할 법한 시스템 개선(인력 충원, 업무 분담, 합리적 보상 체계 등)의 필요성을 역설하는 계기가 될 수 있다.

- **다양한 의사 역할 모델 제시:** 모든 의사가 자신을 희생하며 과로해야 한다는 획일적인 인식에서 벗어나, 다양한 분야에서 자신의 역량을 발휘하면서 삶의 균형을 이루는 의사의 모습도 필요함을 강조한다.

과로하는 의사와 워라밸을 추구하는 의사, 두 모습 모두 현실적인 고민과 나름의 타당한 이유가 있다고 생각합니다. 건강한 개인 생활과 직업적 성취 간에 균형을 맞추는 일은 누구에게나 중요하며, 고도의 집중력과 책임감을 요구하는 의사에게도 마찬가지일 것입니다.

하지만 제가 워라밸을 추구할 수 있는 다른 여러 길이 있음에도 의대에 진학하고자 하는 이유는, 때로는 과중한 업무에 직면하더라도 환자의 생명과 건강을 지킨다는 특별한 사명감을 통해 더 큰 보람과 의미를 찾고 싶기 때문입니다. 물론 『개념 의료』 같은 책에서 지적하듯이, 의사의 과로가 개인의 헌신만으로 해결될 수 없는 시스템의 문제임을 인지하고 있습니다. 지속 가능한 의료 환경을 위해서는 분명 제도 개선이 필요하다고 생각합니다.

그럼에도 저는 의사로서 환자 곁을 지키고 그들의 고통을 함께 나누는 과정에서 겪게 될 어려움까지도 감수할 각오가 되어 있습니다. 제가 선택한 이 길에서 힘든 순간이 올 수는 있겠지만, 그 안에서 의사로서 소명을 다하며 환자들에게 진정으로 필요한 도움을 드리고 싶습니다.

단순히 편안한 삶보다는 어렵더라도 사회에 기여하며 깊은 의미를 찾는 의사가 되는 것이 저의 꿈입니다.

BOOK.25

의료 재난의 시대

나백주·정형준 | 히포크라테스

정치는 어떻게 의료 재난을 일으키는가

의과대학 교수 나백주와 재활의학과 전문의 정형준이 함께 쓴 『의료 재난의 시대』는 단순히 질병의 창궐이나 의료 시스템의 일시적 마비를 넘어, 우리 사회가 직면한, 혹은 앞으로 마주할 수 있는 '의료 재난'의 본질을 정치학적, 사회학적 시선으로 깊이 있게 파헤치는 시의적절하고도 도발적인 저작이다.

저자들은 풍부한 현장 경험과 날카로운 분석을 바탕으로 감염병 대유행, 필수의료 붕괴, 극심한 의료 불균형과 같은 사태들이 단순한 보건의료 문제를 넘어선 정치적 결정과 구조적 모순의 결과임을 역설한다. 이 책은 의학이 결코 정치와 무관할 수 없으며, 오히려 가장 첨예한 정치적 장場 중 하나임을 보여주면서, 독자들이 건강과 질병을 둘러싼 권력의 역학 관계와 사회 시스템의 책임에 대해 근본적인 질문을 던진다.

『의료 재난의 시대』는 현대 사회에서 발생하는 주요 '의료 재난'들이 자연 발생적이거나 순수하게 의학적인 문제라기보다 대부분 정치 리더십의 부재, 잘못된 정책 결정, 시장 만능의 의료 시스템의 한계, 그리고 사회경제 불평등이 복합적으로 작용한 결과라고 강조한다. 저자들은 코로나19 팬데믹과 같은 전 지구적 위기를 포함하여 국내에서 벌어지는 필수의료 공백 사태나 지역 간 의료 격차 문제 등을 심층적으로 분석하면서, 이러한 문제들이 어떻게 특정 정치경제 구조와 정책 선택에 의해 심화되고 방치되어 왔는지 구체적인 사례를 통해 고발한다.

저자들은 '의료'라는 영역이 고도의 전문성을 요구하는 동시에 가장 기본적인 인간의 권리와 직결되어 있기에 정치적 판단과 사회 합의가 어느 분야보다 중요함에도, 종종 정치적 우선순위에서 밀리거나 특정 이익집단의 논리에 의해 왜곡되는 현실을 비판한다. 나아가 이러한 '의료 재난'에 효과적으로 대응하고 미래의 위기를 예방하기 위해서는 의료를 단순한 기술이나 상품으로 보는 시각에서 벗어나 건강을 기본적인 사회권으로 인식하고 공공의료 시스템을 강화하며, 의료 정책 결정 과정에서 민주성과 투명성을 확보하는 등 정치 시스템의 근본적인 변화가 필요하다고 역설한다.

결국 이 책은 의학과 정치가 분리될 수 없는 관계임을 직시하고, 건강한 사회를 위한 정치의 역할을 적극적으로 모색해야 한다는 강력한 메시지를 전달한다.

『의료 재난의 시대』는 의학도를 꿈꾸는 학생들에게 미래 의료인으로서 갖추어야 할 폭넓은 시야와 사회적 책임감을 심어주는 데 매우 중요한 역할을 한다.

첫째, 의료 현상에 대한 구조적·비판적 분석 능력을 함양할 수 있다. 질병의 생물학적 원인뿐만 아니라, 그 질병이 발생하고 확산되면서 특정 집단에 더 큰 피해를 주는 사회경제적, 정치적 맥락을 이해하는 것은 매우 중요하다. 이 책은 학생들이 의료 문제를 개인의 불운이나 의학 기술의 한계로만 치부하지 않고, 그 이면에 작동하는 시스템적 요인과 정치적 결정의 영향을 파악하는 비판적 시각을 기르는 데 도움을 준다.

둘째, 의사의 사회적 역할과 책임에 대한 깊이 있는 성찰이 가능하다. 의사는 단순히 진료실에서 환자를 치료하는 기술자가 아니라, 국민 건강을 위협하는 다양한 '의료 재난' 상황에서 전문가로서 목소리를 내고, 불합리한 의료 정책 및 시스템 개선을 위해 노력하며, 사회적 약자의 건강권을 옹호하는 사회 리더이자 적극적인 시민이 되어야 함을 강조한다.

셋째, 미래 의료 시스템과 정책 방향에 대한 주체적인 고민을 촉진한다. 이 책을 통해 학생들은 자신이 앞으로 활동하게 될 의료 현장의 문제점과 과제를 미리 인식하고, 더 나은 의료 시스템을 만들기 위해 어떤 노력이 필요한지, 그리고 자신이 그 과정에서 어떤 역할을 할 수 있을지에 대해 능동적으로 고민하는 계기를 마련할 수 있다. 이는 MMI 면접 등에서 자주 다루는 의료 시스템 및 정책 관련 질문에 대해 피상적인 답변을 하지 않고 자신만의 깊이 있는 견해를 제시하는 데도 큰 도움이 된다.

마지막으로, 의학과 정치의 불가분성을 이해함으로써 미래 의료인으로서 사회 전체의 건강 증진이라는 더 큰 목표를 위해 다양한 이해관계자들과 소통하고 협력하며, 때로는 정치적 과정에도 적극적으로 참여해야 할 필요성을 인식하게 된다.

『의료 재난의 시대』는 이처럼 예비 의학드들이 의학의 정치적 차원을 깨닫고, 더 넓은 세상으로 시야를 확장하여 사회적 책무를 다하는 진정한 의료인으로 성장하는 데 중요한 밑거름을 제공하는 책이다.

MMI 쟁점과 분석

'예방과 대응 중에서 무엇이 더 중요한 의료의 본질일까?' 의료의 본질을 논할 때 '예방'과 '대응(치료)' 중 무엇에 더 무게를 두어야 하는가는 오랜 논쟁거리다. 『의료 재난의 시대』는 팬데믹과 같은 '의료 재난' 상황을 통해 이 두 가지 측면의 중요성과 한계를 동시에 고찰한다.

✚ '예방'이 더 중요하다는 입장의 논리적 근거

- **비용-효과성의 원칙:** 질병이나 재난이 발생한 후 대응하는 것보다 사전에 예방하는 것이 장기적으로 개인과 사회 전체의 의료비 부담을 줄이고 인적·물적 자원의 손실을 최소화할 수 있다. 『의료 재난의 시대』가 지적하는 '재난' 상황의 막대한 사회경제적 비용을 고려할 때 예방은 가장 효율적인 투자다.

- **국민 건강 증진의 근본 해결책:** 질병의 근본 원인을 제거하거나 위험 요인을 관리함으로써 질병 발생 자체를 줄이는 것이 국민 건강 수준을 향상시키고 건강 수명을 연장하는 가장 효과적인 방법이다.

- **의료 시스템의 지속 가능성 확보:** 만성질환 증가, 신종 감염병 출현 등으로 의료 수요가 계속 늘어나는 상황에서 예방을 통해

의료 시스템의 과부하를 막고 한정된 자원의 효율적 사용을 도모하는 것이 시스템의 지속 가능성을 위해 필수적이다. 『의료 재난의 시대』에서 다루고 있는 의료 시스템 붕괴 상황은 '예방'에 실패한 극단적 결과로 볼 수 있다.

- **삶의 질 향상:** 질병으로 인한 고통, 장애, 삶의 질 저하를 사전에 방지함으로써 개개인의 행복하고 건강한 삶을 보장하는 데 기여한다.

- **선제적 위기 관리 및 미래 대비:** 미래에 발생할 수 있는 건강을 위협하는 요소를 미리 예측하고 대비하는 예방 시스템 구축은 예측 불가능한 재난에서 사회를 보호하는 데 핵심적인 방역 체계다.

✚ '대응(치료)'이 더 중요하다는 입장의 논리적 근거

- **질병 및 재난 발생의 불가피성 인정:** 인간의 노력으로 모든 질병이나 재난을 완벽하게 예방하는 것은 불가능하다. 예상치 못한 새로운 질병의 출현, 갑작스러운 사고, 그리고 『의료 재난의 시대』에서 다루는 복합적인 원인의 '의료 재난'은 언제든 발생할 수 있으며, 이때는 신속하고 효과적인 대응이 무엇보다 중요하다.

- **현재 고통받는 환자에 대한 즉각적 구제 의무:** 이미 질병으로 고통

받고 있거나 생명이 위독한 환자에게 가장 시급하고 본질적인 의료 행위는 적절한 진단과 효과적인 치료를 통해 그들의 고통을 경감시키고 생명을 구하는 것이다. 이는 의사의 가장 직접적이고 중요한 소명이다.

- **의학 기술 발전의 핵심 동력:** 인류는 끊임없이 질병에 '대응'하고 새로운 치료법을 개발하는 과정을 통해 의학 기술을 발전시켜 왔다. 난치병 정복을 위한 노력과 새로운 치료법 연구는 의료 발전의 핵심이다.

- **생명 존중 가치의 실질적 구현:** 예방도 물론 중요하지만, 이미 생명이 위협받는 상황에서 적극적으로 '대응'하여 생명을 구하려는 노력이야말로 생명 존중이라는 의료의 근본 가치를 가장 실질적으로 구현하는 행위다. 『의료 재난의 시대』는 재난 상황에서 효과적인 대응 시스템 부재가 얼마나 치명적인 결과를 초래하는지를 보여준다.

- **사회 안정 및 신뢰 유지:** 심각한 질병이나 재난이 일어났을 때 효과적인 '대응' 시스템이 부재하다면 막대한 인명 피해와 함께 사회 혼란과 불안이 걷잡을 수 없이 커질 수 있다. 신속하고 체계적인 대응은 사회 안정을 유지하고 국민의 신뢰를 지키는 데 필수적이다.

　'예방'과 '대응'은 의료의 두 가지 핵심적인 측면으로 어느 하나만 절대적으로 우선시할 수는 없다. 무엇이 더 의료의 본질이며, 무엇을 더 중점적으로 발전시켜야 한다는 식의 논의가 아니라, '예방'과 '대응'을 상호보완적으로 발전시켜야 한다. 다만 특정 상황이나 가치 판단에 따라 그 중요도의 무게중심이 달라질 수 있다.

의료의 본질에서 '예방'과 '대응'은 모두 국민 건강을 지키는 데 매우 중요한 두 축이라고 생각합니다. 이상적으로는 철저한 예방을 통해 질병 없는 사회를 만드는 것이 가장 좋겠지만, 현실적으로 모든 질병과 재난을 완벽히 예방하는 것은 불가능한 일입니다.

이러한 관점에서 저는 의료의 본질은 이미 발생한 질병과 고통에 적극적으로 '대응'하고 환자를 치료하는 것에 더 큰 무게가 실려야 한다고 생각합니다. 『의료 재난의 시대』에서 지적하듯이, 아무리 예방 시스템을 갖추려 노력해도 예측 불가능한 신종 감염병이나 복합적인 원인으로 일어나는 '의료 재난'은 발생할 수 있습니다. 이러한 위기 상황에서는 환자의 생명을 구하고 고통을 즉각적으로 경감시키는 신속하고 효과적인 대응 능력이 무엇보다 중요합니다.

『의료 재난의 시대』에서도 이러한 재난을 막기 위한 예방적 시스템 구축과 정치적, 사회적 노력의 중요성을 강조하고 있지만, 일단 재난이 발생하여 환자들이 고통받고 있을 때, 그들을 위한 적극적인 치료와 대응이 없다면 예방의 중요성을 논하는 것조차 의미를 잃을 수 있습니다. 의사의 가장 직접적인 사명은 현재 아픈 환자를 돌보고, 그들의 생명을 구하며, 고통을 덜어주는 것이라고 생각합니다. 이것이 바로 생명 존중이라는 의료의 근본 가치를 실현하는 가장 적극적인 방법이라고 생각합니다.

따라서 저는 예방의 가치를 충분히 인식하고 그 중요성을 간과하지 않으면

서도 의료의 본질적 역할은 현재 고통받는 환자에 대한 적극적인 '대응'과

최선의 치료를 제공하는 데 있다고 생각합니다.

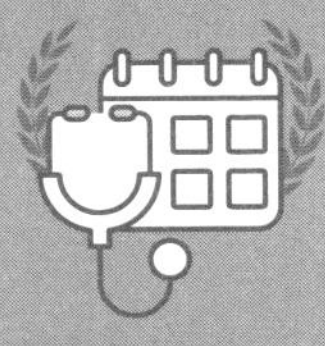

CHAPTER 6

인공지능과 의료의 미래

BOOK.26

도덕적인 AI

월터 시넛 암스트롱·재나 셰익 보그·빈센트 코니처 | 김영사

인간과 AI의 윤리적 공존을 위하여

윤리학, 신경과학, 컴퓨터공학 분야의 석학들이 함께 쓴 『도덕적인 AI』는 인공지능 기술이 우리 사회 깊숙이 들어오고 있는 현실에서 과연 AI가 인간과 같은 도덕적 판단을 내릴 수 있는지, 혹은 우리가 어떻게 AI를 더 윤리적인 방향으로 발전시키고 활용할 수 있는지에 대한 근본적인 질문을 던지는 중요한 저작이다.

이 책은 단순히 AI 기술의 발전 가능성이나 편리성을 조명하는 것을 넘어 자율주행 자동차의 윤리적 딜레마부터 의료, 금융,

사법 시스템에서의 AI 활용에 이르기까지 AI가 인간의 삶과 사회 질서에 미치는 다층적인 윤리적, 철학적, 사회적 함의를 심도 있게 탐구한다. 특히 의료 분야에서 AI 역할이 급부상하면서 'AI가 의사를 대체할 수 있는가?'라는 질문이 현실적으로 대두되는 오늘날, 이 책은 그 질문에 대한 깊이 있는 성찰의 필요성을 제기한다.

『도덕적인 AI』는 AI에게 인간과 같은 '도덕성'을 부여하는 것이 가능한지에 대한 탐구와, 설령 그것이 불가능하다 할지라도 AI 시스템이 인간의 윤리적 가치와 원칙에 부합하도록 설계되고 운영될 수 있는지 방안을 모색한다.

저자들은 인간의 도덕 판단이 복잡한 감정, 사회 맥락, 문화 배경, 그리고 직관과 이성이 얽힌 결과물임을 지적하면서, 현재의 AI 기술이 이러한 인간 고유의 영역을 완벽히 모방하거나 대체하기에는 근본적인 한계가 있음을 인정한다. 그럼에도 AI가 점점 더 많은 영역에서 인간의 의사결정을 보조하거나, 심지어 대신하는 상황이 늘어남에 따라 AI 시스템에 윤리 원칙을 어떻게 내재화하고, 예기치 않은 윤리적 문제가 일어났을 때 책임 소재를 어떻게 규명할 것인지, 그리고 AI도 인해 발생할 수 있는 편향이나 차별 문제를 어떻게 최소화할 것인지에 대한 치열한 논의를 전개한다.

특히 의료 AI의 경우 진단의 정확성 향상이나 새로운 치료법 개발에 기여할 잠재력은 크지만, 만약 AI가 잘못된 데이터를 학습하여 특정 집단에 대한 편향된 진단을 내리거나 생명과 직결된 상황에서 인간 의사의 직관이나 환자와의 교감을 배제한 채 기계적인 판단만을 내린다면 그 결과는 치명적일 수 있음을 경고한다.

이처럼 이 책은 AI를 맹목적으로 신뢰하거나 두려워하기보다는 그 한계와 가능성을 명확히 인식하고, 인간과 AI가 어떻게 하면 윤리적으로 협력하여 더 나은 결과를 만들어낼 수 있을지에 대한 구체적인 방법론과 사회적 합의의 중요성을 강조한다.

의대 진학을 준비하며 미래의 의료인을 꿈꾸는 학생들에게 『도덕적인 AI』는 여러 측면에서 중요한 활용 가치를 지닌다.

첫째, 미래 의료 환경에 대한 깊이 있는 이해와 비판적 사고 능력을 함양하는 데 도움을 준다. AI는 이미 의료 영상 분석, 질병 예측, 신약 개발 등 다양한 분야에서 활용되고 있으며, 그 역할은 앞으로 더욱 확대될 것이다. 이 책은 학생들이 AI 기술의 단순한 수용자가 아닌, 그 기술이 가져올 윤리적, 사회적 파장을 미리 고민하고 비판적으로 성찰하는 능력을 키우는 데 기여한다.

'AI가 의사를 대체할 수 있는가?'라는 질문에 대해 이 책은 기술 만능주의나 막연한 공포감을 심어주는 대신, AI의 강점과 인간 의사의 대체 불가능한 역할을 균형 있게 파악하고, 인간 중심 의료를 위한 AI 활용 방안을 고민하도록 이끈다.

둘째, 의료 윤리에 대한 구체적이고 현대적인 고민의 폭을 넓혀준다. 의료 AI가 내리는 진단이나 치료 권고의 책임 문제, 알고리즘의 편향성으로 인한 의료 불평등 심화 가능성, 환자의 데이터 프라이버시 문제 등은 과거에는 상상하기 어려웠던 새로운 윤리적 도전이다. 이 책을 통해 학생들은 이러한 첨단 기술 시대의 의료 윤리 문제들을 미리 접하고, MMI 면접 등에서 마주할 수 있는 관련 쟁점에 대해 자신만의 논리적이고 윤리적인 답변을 준비하는 데 실질적인 도움을 받을 수 있다.

셋째, 인간 의사의 본질적인 역할과 가치를 재확인시킨다. AI가 데이터 분석과 패턴 인식에는 뛰어날 수 있지만, 환자의 미묘한 감정을 읽고 공감하며, 복잡한 상황에서 전인적인 판단을 내리고, 환자와 깊은 신뢰 관계를 형성하는 것은 여전히 인간 의사의 고유한 영역이다. 이 책은 AI의 한계를 통해 역설적으로 인간 의사만이 할 수 있는 역할의 중요성을 깨닫게 하며, 미래 의료인으로서 어떤 역량을 키워야 할지에 대한 방향성을 제시한다.

결국 『도덕적인 AI』는 의학도들이 다가올 AI 시대를 주도적으로 맞이하고, 기술과 윤리가 조화된 더 나은 의료를 만들어가는 데 필요한 지혜와 성찰을 제공하는 필독서라고 할 수 있다.

MMI 쟁점과 분석

AI 기술의 발전은 의료 분야에 혁명적인 변화를 가져올 잠재력을 지니고 있으며, 이는 'AI가 인간 의사를 대체할 수 있을까?'라는 근본적인 질문으로 이어진다. 『도덕적인 AI』는 AI의 윤리적 측면을 탐구하면서 이 질문에 대한 다각적인 답변의 실마리를 제공한다.

✚ AI가 인간 의사를 대체할 수 있다는 입장의 근거

- **방대한 데이터 처리 및 학습 능력의 우월성:** AI는 인간 의사가 평생 접하기 어려운 방대한 양의 의학 논문, 임상 데이터, 환자 기록 등을 신속하게 학습하고 분석하여 질병의 패턴을 인식하고 진단 정확도를 높일 수 있다.

- **진단 분야에서의 잠재력 입증:** 특정 분야, 예를 들어 의료 영상 분석(암 진단, 망막 질환 판독 등)에서는 이미 AI가 인간 의사와 비슷하거나 더 높은 수준의 정확도를 보이는 연구 결과들이 발표되고 있다.

- **객관성 및 일관성 확보:** AI는 인간 의사가 느끼는 피로나 감정, 선입견 등의 변수로부터 자유로워 좀 더 객관적이고 일관된 진단 및 치료 권고를 제공할 수 있다.

- **의료 접근성 향상 및 효율성 증대:** 의료자원이 부족한 지역이나 시간 제약 문제가 있을 경우, AI를 통해 기본적인 의료 상담이나 진단 보조 서비스를 제공함으로써 의료 접근성을 획기적으로 개선하고, 반복적인 업무 자동화를 통해 의료 시스템 전체의 효율성을 높일 수 있다.

- **지속적인 학습과 발전 가능성:** AI는 지속적인 데이터 학습을 통해 스스로 성능을 개선해 나갈 수 있으며, 이는 장기적으로 인간 의사의 능력을 뛰어넘을 수 있다는 기대를 갖게 한다.

✚ AI가 인간 의사를 대체할 수 없다는 입장의 근거

- **공감 능력 및 정서적 교류의 부재:** 『도덕적인 AI』에서 논의되는 핵심 문제인데, 질병으로 고통받는 환자의 불안, 두려움, 슬픔에 진정으로 공감하고 정서적 지지를 제공하며, 신뢰에 기반한 치료 관계를 형성하는 것은 현재의 AI 기술로는 불가능하다. 의료는 단순한 기술 처치를 넘어선 인간 대 인간의 상호작용이다.

- **복잡한 윤리적 판단과 책임 있는 의사결정의 한계:** 의료 현장에서는 예측 불가능하고 생명과 직결된 수많은 윤리적 딜레마가 발생한다. 『도덕적인 AI』에서 말하듯, AI에게 인간과 같은 수준의 도덕적 추론 능력과 그 결과에 대한 책임 있는 의사결정

을 부여하는 것은 매우 어려운 문제이며, 오류가 발생했을 때 책임 소재 또한 불분명하다.

- **전인적 치료와 환자 개별성에 대한 이해 부족**: 환자는 질병이라는 단편적인 문제만 가진 존재가 아니라 복잡한 삶의 맥락과 가치관을 지닌 전인격적 존재다. AI가 이러한 환자의 개별성과 전인적 상황을 종합적으로 이해하고 맞춤형 치료 계획을 수립하며, 예기치 않은 상황에 유연하게 대처하는 데는 명확한 한계가 있다.

- **새롭거나 비정형적인 상황 대처 능력의 미흡**: AI는 학습된 데이터를 기반으로 작동하므로 데이터가 부족한 신종 질병이나 매우 드문 비정형적 증상을 보이는 환자에 대한 진단 및 치료에는 취약할 수밖에 없다. 이는 인간 의사의 직관과 임상 경험, 창의적 문제 해결 능력이 필요한 영역이다.

- **기술적 완벽성의 부재와 오류 가능성**: AI 알고리즘 또한 완벽하지 않으며, 학습 데이터의 편향성이나 예상치 못한 오류로 잘못된 진단이나 치료 권고를 내릴 위험이 상존한다. 생명을 다루는 의료 분야에서 이는 치명적인 결과를 초래할 수 있다.

- **인간 의사의 감독 및 최종 판단의 필요성**: 설령 AI가 진단과 치료에 높은 수준의 보조 역할을 할 수 있다 하더라도, 그 결과를 비판적으로 검토하고 최종적인 의사결정을 내리며 그에 대

한 책임을 지는 것은 결국 인간 의사의 몫으로 남을 가능성이
크다.

AI는 의료 분야에서 강력한 도구로 의사의 진료를 보조하고
효율성을 높이는 데 기여할 수 있지만, 인간 의사가 지닌 공감
능력, 윤리적 판단, 전인적 접근, 복잡한 상황 대처 능력 등을 완
전히 대체하기는 어려울 것으로 보인다. 미래 의료는 AI와 인간
의사가 상호 보완적으로 협력하는 형태가 될 가능성이 높다.

AI 기술이 의료 분야에서 진단 정확도를 높이고 방대한 데이터를 분석하는 등 특정 영역에서 인간 의사를 보조하는 강력한 도구가 될 것이라는 점에는 깊이 공감합니다.

그러나 저는 AI가 인간 의사를 완전히 대체하는 날은 오지 않을 것이라고 생각합니다.『도덕적인 AI』와 같은 책에서 논의되듯이, 의료 행위의 본질은 단순히 질병을 진단하고 치료하는 기술적인 과정을 넘어섭니다. 환자의 고통에 깊이 공감하고, 그들의 불안과 두려움에 정서적 지지를 제공하며, 인간적인 신뢰 관계를 구축하는 것은 현재의 AI 기술로는 불가능한, 인간 의사의 고유한 영역이기 때문입니다.

또한 의료 현장에서는 예측 불가능하고 복잡한 윤리적 판단이 필요한 순간들이 많습니다. AI가 방대한 데이터를 학습하고 처리할 수는 있지만, 인간의 생명과 존엄성에 대한 깊은 이해를 바탕으로 한 섬세한 윤리적 결정이나, 환자의 개별적인 가치관과 전인적인 상황을 종합적으로 고려한 맞춤형 치료 계획을 온전히 수립하기는 어렵다고 생각합ㄴ 다.『도덕적인 AI』는 바로 이러한 AI의 도덕적 추론 능력의 한계와 책임 소재의 문제를 중요한 과제로 제시하고 있습니다.

따라서 미래 의료는 AI가 인간 의사를 대체하는 것이 아니라, AI의 기술적

장점을 활용하여 진료의 효율성과 정확성을 높이는 동시에, 인간 의사는

환자와의 깊이 있는 소통, 공감, 윤리적 판단, 그리고 전인적 돌봄이라는 핵

심적인 역할을 더욱 강화하는 방향으로 발전할 것이라고 생각합니다. 결국

의료의 중심에는 항상 인간에 대한 깊은 이해와 배려가 있어야 한다고 믿

습니다.

BOOK.27

설명 가능한 의료 AI

박상민 | 커뮤니케이션북스

AI의 오진,
어떻게 해결할 것인가

의료 인공지능 AI 기술이 눈부시게 발전하며 진단과 치료의 새로운 지평을 열고 있지만, 그 이면에는 'AI가 오진을 내렸을 때, 그 책임은 누구에게 있는가?'라는 무겁고도 첨예한 윤리적 질문이 자리 잡고 있다.

서울대학교 의과대학 박상민 교수가 쓴 『설명 가능한 의료 AI』는 바로 이 복잡한 문제의 핵심을 파고들면서 AI의 '설명 가능성Explainable AI, XAI' 확보가 미래 의료 윤리의 초석이 될 수 있음을 역설하는 시의적절한 저작이다.

저자는 AI 기술과 의료 현장 모두에 대한 깊이 있는 이해를 바탕으로, 현재 의료 AI가 가진 '블랙박스' 문제의 위험성을 경고하고, 투명하고 신뢰할 수 있는 AI 시스템 구축을 위한 구체적인 방향을 제시함으로써 독자들에게 깊은 성찰을 안긴다.

이 책은 의료 AI의 안전하고 윤리적인 활용을 위해서는 AI의 의사결정 과정을 인간이 이해할 수 있도록 하는 '설명 가능성'이 반드시 전제되어야 한다고 강조한다. 저자는 복잡한 알고리즘으로 인해 그 내부 작동 원리를 파악하기 어려운 '블랙박스 AI'가 의료 현장에 적용될 경우, 오진이 발생했을 때 그 원인을 규명하고 책임을 분담하는 것이 극도로 어려워진다고 지적한다. 만약 AI가 어떤 근거로 특정 진단을 내렸는지 알 수 없다면 그것이 데이터의 편향 때문인지, 알고리즘의 오류인지, 혹은 특정 상황에서의 한계인지 파악할 길이 막막해진다. 이는 단순히 기술적 문제를 넘어 환자의 안전, 의료진의 법적 책임, 그리고 사회 전체의 의료 AI에 대한 신뢰도와 직결되는 심각한 문제다.

따라서 박상민 교수는 AI의 판단 근거를 시각화하거나 인간이 이해할 수 있는 형태로 제시하는 '설명 가능한 의료 AI' 기술의 개발과 적용이 시급하며, 이것이 바로 'AI 오진 시 책임 소재'라는 난제를 푸는 첫걸음이라고 강조한다. 설명 가능성이 확보될 때 비로소 우리는 AI의 결정을 비판적으로 검토하고, 오류 발생 시 책임의 고리를 개발자, 의료기관, 사용자(의사) 등 관련 주체에 합리적으로 연결 지을 수 있다는 것이다. 나아가 이는 AI의 잠재적 편향을 감지하고 수정하며, 좀 더 공정하고 신뢰할 수 있는 의료 AI 시스템을 만드는 데 필스적인 기반이 된다고 역설한다.

의대 진학을 준비하며 미래 의료 환경의 주역이 될 학생들에게 『설명 가능한 의료 AI』는 여러 측면에서 중요한 관심과 학습 대상이 될 수 있다.

첫째, 미래 의료에서 AI의 역할과 한계를 균형 있게 이해하는 데 도움을 준다. AI가 가져올 혁신적인 변화에 대한 기대와 함께, 그 기술이 지닌 본질적인 한계와 윤리 문제를 인식하는 것은 매우 중요하다. 이 책은 AI를 맹신하거나 막연히 두려워하는 대신 AI를 어떻게 책임감 있게 활용할 수 있을지에 대한 비판적 시각을 길러준다.

둘째, 의료인으로서 갖추어야 할 새로운 역량에 대한 성찰의 계기가 된다. 미래의 의사는 AI가 제시하는 정보를 단순히 수용하는 것을 넘어 그 정보의 신뢰성을 판단하고, AI의 설명(만약 제공된다면)을 해석하며, 최종적인 임상 결정을 내리고 그에 대한 책임을 져야 한다. 이 책은 의사가 AI 시대에도 대체 불가능한 전문가로 남기 위해 어떤 지식과 기술, 그리고 윤리적 판단 능력을 갖춰야 하는지 생각하게 만든다.

셋째, 의료 AI 관련 윤리적 딜레마에 대한 심층적 대비가 가능하다. 'AI 오진은 누구의 책임인가?'라는 질문은 MMI 면접에서 충분히 다뤄질 수 있는 주제이며, 이 책의 논의는 학생들이 해당 쟁점에 대해 깊이 있는 답변을 구성하는 데 필요한 이론 토대와 다양한 관점을 제공한다.

넷째, 환자와의 소통 방식에 대한 새로운 관점을 제시한다. AI를 활용한 진단 및 치료 과정을 환자에게 어떻게 설명하고, AI의 불확실성이나 오류 가능성에 대해 어떻게 소통하여 신뢰를 구축할 것인지는 미래 의사에게 중요한 과제다. 설명 가능한 AI의 개념은 이러한 소통의 투명성을 높이는 데 기여할 수 있다.

마지막으로, 윤리적인 기술 발전에 대한 사회적 책임 의식을 고취한다. 의료인들 역시 미래 사회의 구성원으로서 의료 AI 기술이 인간 중심적이고 윤리적인 방향으로 발전하고 활용될 수 있도록 관심을 갖고 목소리를 내는 것이 얼마나 중요한지 이 책을 통해 깨달을 수 있다.

이처럼 『설명 가능한 의료 AI』는 예비 의료인들이 다가올 미래를 준비하고, 기술과 윤리가 조화를 이루는 의료를 실현하는 데 필요한 지혜와 통찰을 제공하는 중요한 길잡이가 될 것이다.

MMI 쟁점과 분석

'AI가 오진을 했다면 그것은 AI의 책임일까, 인간 의사의 책임일까?' 의료 AI의 오진 시 책임 소재는 기술 발전과 함께 더욱 중요해지는 윤리적, 법적 문제다. 『설명 가능한 의료 AI』는 AI의 판단 과정을 투명하게 이해하려는 노력이 이러한 책임 문제를 다루는 데 중요한 전제가 될 수 있음을 시사한다.

✚ AI의 책임으로 보는 관점(또는 AI 시스템 및 개발 주체의 책임)

- **알고리즘의 결함 또는 편향된 데이터:** AI의 오진이 근본적으로 잘못 설계된 알고리즘이나 편향된 학습 데이터에서 비롯되었다면, 그 일차적 책임은 AI 시스템 자체 및 이를 개발하고 검증한 주체(개발자, 기업)에게 물을 수 있다. 『설명 가능한 의료 AI』는 바로 이러한 AI 내부의 문제를 파악하고 개선하는 데 '설명 가능성'이 기여할 수 있음을 강조한다.

- **예측 불가능한 '블랙박스'의 오류:** 일부 복잡한 AI 모델은 의사결정 과정이 완전히 투명하지 않아 '블랙박스'로 불리기도 한다. 만약 이러한 AI가 인간이 예측하거나 통제하기 어려운 방식으로 오류를 일으켰다면, 사용하는 의사에게 전적으로 책임으로 돌리기에는 무리가 있다.

- **AI의 자율성 증대에 따른 책임 문제:** AI가 단순한 보조 도구를 넘어 점차 자율적인 판단을 내리는 수준으로 발전한다면, 그 결정에 대한 책임 문제도 새롭게 논의되어야 한다. 물론 현재 법체계에서는 AI를 법적 책임의 주체로 인정하지 않는다.

✚ 인간 의사의 책임으로 보는 관점
(또는 인간에게 최종 책임이 있다는 관점)

- **AI는 보조 도구, 최종 판단 및 책임은 의사에게:** 현재 의료 현장에서 AI는 의사의 진단 및 치료 결정을 돕는 보조 도구로 활용된다. 『설명 가능한 의료 AI』에서 지향하는 것처럼, AI의 판단 근거를 의사가 이해하고 이를 바탕으로 비판적으로 검토하여 최종적인 의학적 판단을 내리는 것은 인간 의사의 역할이다. 따라서 그 결정에 대한 책임도 의사에게 있다.
- **전문가로서 감독 및 개입 의무:** 의사는 AI가 제시하는 정보를 맹신해서는 안 되며, 자신의 전문 지식과 임상 경험, 환자의 특수한 상황을 종합적으로 고려하여 AI 제안을 수용, 수정 또는 기각할 의무와 책임이 있다. '설명 가능한 AI'는 이러한 의사의 감독 역할을 더욱 효과적으로 수행할 수 있도록 지원한다.
- **환자와 직접적인 신뢰 관계 및 법적 책임 주체:** 의료 행위에 대한 법적, 윤리적 책임은 일차적으로 환자와 직접 치료 관계를 맺

고 의료 서비스를 제공하는 인간 의사에게 있다. AI는 현재 법적 인격체가 아니므로 직접적인 책임을 질 수 없다.

- **전인적 치료와 맥락적 이해의 중요성:** AI는 데이터와 알고리즘에 기반하여 판단하지만 인간 의사는 환자의 병력, 생활 습관, 심리 상태, 사회 환경 등 AI가 온전히 파악하기 어려운 복합적인 맥락을 고려하여 전인적인 치료를 제공한다. 이러한 종합 판단에 대한 책임은 의사에게 있다.
- **의료기관의 관리 감독 책임:** AI 시스템의 도입, 운영, 품질 관리, 그리고 의료진에 대한 적절한 교육 및 감독 책임을 다하지 못한 의료기관에게도 일정 부분 책임이 있을 수 있다.

의료 AI의 오진 시 책임은 단일 주체에게만 귀속되기보다 개발자, 의료기관, 그리고 최종적으로 이를 활용하여 임상적 결정을 내리는 인간 의사 등 여러 주체에게 분산될 수 있다. 그러나 현재로서는 환자에 대한 최종적인 의료적 판단과 그에 따른 책임은 인간 의사에게 가장 크게 귀속된다고 보는 것이 일반적이다. 『설명 가능한 의료 AI』는 이러한 책임 소재를 명확히 하고 AI 활용의 안전성을 높이는 데 기여할 것이다.

의료 AI가 오진을 내렸을 경우 그 책임 소재는 매우 복잡하고 중요한 윤리적 문제라고 생각합니다. 저는 근본적으로 AI가 오진을 했더라도 그 진단 결과를 바탕으로 최종적인 임상 판단을 내리고 환자에게 의료 행위를 한 인간 의사에게 그 책임이 있다고 생각합니다. AI는 현재로서는 스스로 법적 또는 윤리적 책임을 질 수 있는 주체가 아니기 때문입니다.

『설명 가능한 의료 AI』에서 논의하고 있듯이, 의료 AI는 의사의 진단과 치료를 돕는 강력하고 유용한 도구이지만, 그 자체로 완전한 의사결정자는 아닙니다. 의사는 AI가 제공하는 정보를 포함한 모든 진단 자료를 비판적으로 검토하고, 자신의 전문 지식과 임상 경험, 그리고 환자의 개별 상황을 종합적으로 고려하여 최종적인 의학적 판단을 내려야 할 의무와 책임이 있습니다.

설령 AI의 판단 근거를 이해할 수 있는 '설명 가능한 AI'라 하더라도, 그 설명은 의사가 더 나은 정보에 입각한 결정을 내리도록 돕는 것이지 의사의 최종 판단 책임을 면제하거나 AI에게 전가하는 것은 잘못입니다. AI의 제안을 어떻게 해석하고 적용할지는 결국 의사의 전문 역량과 윤리적 판단에 달려 있습니다.

물론 AI 개발자나 의료기관 역시 안전하고 신뢰할 수 있는 AI 시스템을 제공하고, AI의 한계나 오류 가능성에 대해 충분히 고지하며, 의료진에게 적절한 교육을 제공할 책임이 있습니다. 만약 오진의 원인이 AI 시스템의 명백한 결함이나 관리 부실에 있다면, 이들 역시 그에 상응하는 책임을 져야 할 것입니다.

하지만 환자에 대한 직접적인 진료 행위와 그로 인한 최종 결과에 대한 책임은, 현재로서는 그 의료 행위를 수행한 인간 의사에게 귀속되는 것이 맞다고 생각합니다. 의사는 AI를 포함한 모든 의료 기술을 환자의 최선의 이익을 위해 신중하고 책임감 있게 활용해야 하기 때문입니다.

BOOK.28

AI 2025 트렌드 & 활용백과

김덕진 | 스마트북스

AI를 능숙하게 활용하고 싶은 사람들을 위한 안내서

『AI 2025 트렌드 & 활용백과』는 'AI가 일상을 편하게 해준다'는 말을 실제 나의 경험으로 전환해 줄 수 있는 안내서다. 학생들은 처음 AI 서비스를 접하면 다양한 서비스가 한꺼번에 눈에 들어와 무엇부터 손대야 할지 갈피를 잡기 어렵다. 이 책은 사람들이 가장 많이 사용하고 효과가 검증된 도구들을 꼼꼼하게 제시해 혼란을 덜어준다. 발표 자료를 자동 교정·생성해 주는 감마Gamma, 코딩 과제를 실시간으로 보조하는 커서Cursor, 강의 음성을 텍스트로 변환하는 클로바노트Clova Note. 외국어 문장을 자연스럽게 번역해 주는 딥엘DeepL 등 학교생활에 곧바로 활용할 수 있는 핵심 서비스가 대표적이다. 더불어 이미지를 움직이는 영상으로 생성하는 도구 런웨이Runway나 동영상 편집을 돕는 픽토리Pictory처럼 시각 자료 제작에 특화된 솔루션도 소개된다. 이러한 플랫폼은 발표할 때도 매우 유용하다.

대부분의 학교에서 교과목을 막론하고 AI 기반 수행평가가 진행되는 현실을 고려할 때, 1장에서 다룬 'AI 2025'는 필독해야 할 부분이다. OpenAI CEO 샘 올트먼이 2025년 비전으로 말했듯, 인공일반지능AGI은 인간처럼 범용 사고와 문제 해결 능력을 갖춘 차세대 AI다. 주권을 뜻하는 소버린과 AI의 합성어는 국가나 지역이 자국의 제도, 문화, 역사, 가치관을 반영해 독자적 생태계를 구축하려는 움직임을 말한다.

이 밖에 딥페이크와 AI 기반 사이버 범죄처럼 사회적 파장을 일으키는 윤리·범죄 이슈도 다룬다. 또한 〈월스트리트저널〉 〈파이낸셜타임스〉와 콘텐츠 라이선스 계약 사례로 대표되는 데이터 확보 전쟁을 통해 AI 모델 성능이 결국 학습 데이터의 양과 질에 좌우된다는 사실을 설명한다. 여기에 주요 기업별 AI 전략과 생태계 조성 방식까지 한눈에 정리돼 있어 거시적 관점을 기르기에 좋다. 이러한 내용은 수행평가나 토론에서 통합적 시각을 제시할 근거가 되며, 기술·산업·사회 세 축이 맞물려 움직이는 트렌드를 이해하는 데 도움을 준다.

저자는 선택한 엔진에 따라 LLM의 실제 성능이 얼마나 달라지는지 o1-preview 사례로 보여준다. LLM마다 추론 방식과 결과 품질이 다르므로 목적에 맞는 엔진을 고르는 일이 중요하다는 메시지다. 다만 책의 정보가 2024년 말까지에 머물러 있어 당시 최신 모델 설명이 부족하고, 선행 연구 조사에 유용한 Deep Research 기법이 빠져 있다는 점은 아쉽다.

그럼에도 프롬프트 엔지니어링 파트는 이 책을 반드시 읽어야 할 이유로 손꼽힌다. 저자는 초심자도 즉시 활용할 수 있는 다섯 가지 큰 얼개를 직관적으로 소개하고, 필요하다면 오픈프롬프트OpenPrompt 플랫폼을 통해 간편하게 적용할 수 있음을 보여준다. 책을 따라가다 보면 목적별 응답 기법(생성, 요약, 추출, 분류, 분석, 비교, 평가, 해석)을 어떻게 설계할지, 구어체·기사체·논문체 등 다양한 답변 스타일을 어떻게 조합할지 구상하게 된다. 싱글턴과 멀티턴 대화 구조의 효용성 비교, 면접용 Q&A를 자동 생성해 연습할 수 있는 패턴화 기법까지 다루고 있어 실전 대비가 필요한 학생들에게 큰 도움이 될 것이다.

결국 이 책은 AI 도구 사용법, 기술·산업 트렌드, 프롬프트 설계 노하우를 한데 모아 "AI를 공부해야 할 필요성은 느끼지만 어디서부터 시작해야 할지 모르는" 학습자에게 효과적인 길잡이가 된다. 최신 모델 성능과 자료 조사 방법론, 그리고 최근 '게임 체인저'로 불리는 MCP_{Model Context Protocol} 등에 대한 소개가 빠진 점이 아쉬울 수는 있지만, 발표·코딩·번역·노트 필기 같은 구체적 과제 앞에서 고민하는 고등학생이라면 이 책 한 권으로도 충분히 'AI 워커'의 첫걸음을 내딛을 수 있을 것이다.

MMI 쟁점과 분석

'챗GPT 등 의료용 LLM의 의학 지식은 얼마나 신뢰할 수 있을까?'에 대한 질문에 답하기 위한 논거를 쫓아가 보자.

✚ 일정 수준의 '신뢰 가능한 초안 도구'가 될 수 있다

2024년 9월 공개된 OpenAI 모델 o1은 최신 AI 벤치마크에서 95 % 이상의 정확도를 기록했다. 이는 복잡한 문제를 단계별로 분해해 해결하는 생각의 사슬_{Chain of Thought} 기법 덕분에 논리적 추론이 가능해졌기 때문이다. 특히 최신 GPT 계열은 웹 검색·학술 데이터베이스와 연동하여 참고자료로 제시하기 때문에 필요한 경우 실시간으로 근거를 확인하며 의학 정보를 확인할 수 있다. 미국 비영리 학술의료 센터이며 연구 중심병원인 메

이요 클리닉도 구글과 계약을 맺어 의료용 AI 검색봇을 개발하기도 했다.

✚ '무조건적 신뢰'가 위험한 이유

GPT는 확률적 언어 모델로서 '그럴듯한 다음 단어'를 예측할 뿐, 사실 검증 과정이 담겨 있지 않다. 그렇기에 환각hallucination 현상이 나타나며, 희귀 질환·신약 정보처럼 학습 데이터가 부족한 영역에서는 오류 빈도가 급상승한다.

사용자의 질의가 불명확하거나 상충되는 정보를 포함하면 모델이 문맥을 오해해 엉뚱한 결론에 도달한다. 또한 한국어 언어 데이터가 상대적으로 부족해서 동일 질문에서도 영어 대비 답변 정확도나 세부 묘사 수준이 떨어지는 것이 사실이다. 이는 한국어를 처리하는 데 사용되는 토큰이 더 많기 때문이기도 하다.

✚ 안전하고 효과적으로 활용하기 위한 실천 방안

처음부터 하나의 광범위한 질문 대신 단계별로 지시를 주어 맥락 간의 문제는 없는지 충분히 파악하며 나아간다. GPT가 작성한 초안을 그대로 사용하지 않고, 생성된 답변을 검토해 보고 제시된 레퍼런스 자료를 열람하면서 GPT가 인용한 내용, 통계 수치 등이 맞는지 확인한다.

가장 좋은 것은 자신이 탐구한 분야의 리뷰 논문인 PDF 파일을 첨부하고 '이 문서를 기반으로만 답변하라'는 지시를 내려 검증된 지식 범위 안에서 답변을 생성하도록 하는 것이다.

✚ 의대 교수님들이 기대하는 답변은?

이 질문에 대한 답변은 LLM의 장점과 한계를 모두 인지하고 이와 같은 도구를 '보완적 의사결정의 지원 체계'로 활용해야 함을 제시하는 것이다. GPT를 사용했을 때 문제가 있었던 자신의 경험에서 학술적 근거를 찾아 해결한 내용은 물론, GPT 인용 오류를 찾아 원문으로 교정한 것처럼 비판적 사고 사례를 제시하면, 교수들은 도구 활용 능력과 연구 태도를 모두 확인할 수 있다. 또한 개인정보 보호 법규 준수를 위해 환자 정보에 대한 윤리적 고려까지 제시한다면 교수진은 '기술 이해'는 물론 '의학적 책임'까지 갖춘 지원자로 볼 것이다.

제가 읽은 『AI 2025 트렌드 & 활용백과』를 활용해 의료용 LLM의 신뢰도를 살펴보겠습니다. 책은 최신 o1-preview 모델이 추론할 수 있는 생각의 사슬 기법으로 최신 AI 평가 지표에서 95 % 정확도를 보였다고 설명합니다. 최근에는 o4 모델까지 나왔고 학술자료나 뉴스를 첨부해 달라고 하면 관련 링크까지 첨부해 주는 등 정말 정교해졌습니다.

하지만 제가 사용해 보니 데이터가 많이 없는 연구나 생소한 영어를 이상한 표기로 보여주는 경우가 있었습니다. 예를 들어 'Revealed: the unusual mathematics that gives rose petals their shape' 기사에서 어려운 내용을 해석해 달라고 요청했는데, GPT가 '뾰족한 코너(쿠스프)를 형성'했다고 하길래 무엇인가 봤더니 cusps를 말하는 것이었습니다.

이처럼 한국어 학습 데이터의 부족 또는 한국어 토큰 활용의 문제가 있어, 같은 질문에 대해서도 영어 답변 대비 명료성이 떨어진다는 한계가 있습니다.

저는 이 책이 제시한 프롬프트 엔지니어링 원칙이나 참고 문헌으로 PDF를 넣어 범위 제한 기법을 활용하면 검증된 지식 안에서 답변을 생성하도록 안전장치를 만들 수 있다고 생각합니다. 더불어 제가 검색하는 내용이 환자의 개인정보라면 LLM에게 보안을 요청하여 민감 정보가 포함되지 않도록 제한하는 것도 중요해 보입니다.

BOOK.29

응급실 로봇 닥터

윤여경·정지훈 | 네오픽션

AI 의사와 인간 의사 사이에 펼쳐지는 복잡하고 심오한 이야기

의학 전문 지식을 갖춘 IT 융합 전문가 정지훈과 섬세한 서사 능력을 지닌 소설가 윤여경의 협업으로 탄생한 SF 소설 『응급실 로봇 닥터』는 가까운 미래, 인공지능이 의료 현장의 최전선인 응급실까지 깊숙이 들어온 시대를 배경으로 '인공지능 의사를 어떻게 신뢰할 수 있는가?'라는 도발적이면서도 현실적인 질문을 독자 앞에 펼쳐놓는다.

이 작품은 단순한 기술적 상상력을 넘어 AI 의사와 인간 의사의 복잡 미묘한 관계, 그 속에서 피어나는 윤리적 딜레마, 그리고 궁극적으로 변화하는 의료 환경 속에서 인간 의사의 본질적인 역할은 무엇인지에 대한 깊은 성찰을 소설이라는 틀 안에 담아내고 있다. 저자들은 의학적 리얼리티와 문학적 상상력의 결합을 통해 독자들이 미래 의료의 모습을 생생하게 그려보고 그 안에서 제기될 수 있는 다양한 문제점들을 미리 고민해 보도록 이끈다.

『응급실 로봇 닥터』는 AI 로봇 의사가 인간 의사와 함께 혹은 때로는 인간 의사를 대신하여 응급 환자를 진료하는 과정에서 발생하는 다양한 사건과 그를 둘러싼 인간 군상의 반응을 중심으로 전개된다.

소설은 AI 로봇 닥터가 방대한 의료 데이터를 기반으로 신속하고 정확한 진단을 내리거나 인간의 물리적 한계를 뛰어넘는 정교한 시술을 해내는 긍정적인 측면을 보여주는 동시에, 예측 불가능한 상황이나 데이터에 없는 희귀 질환 앞에서 한계를 드러내는 모습, 혹은 프로그래밍된 윤리적 알고리즘과 실제 상황의 복잡성 사이에서 발생하는 딜레마 등을 그려낸다.

이를 통해 독자들은 'AI 의사의 진단과 처방을 어디까지 신뢰해야 하는가?' 'AI의 오류로 의료사고가 발생했을 때 책임은 누구에게 있는가?' '인간 의사와 AI 의사는 어떻게 효과적으로 협력하고 역할을 분담해야 하는가?'와 같은 첨예한 질문에 직면하게 된다.

특히 소설은 AI가 제공하는 효율성과 정확성 이면에 가려질 수 있는 인간적인 교감, 환자의 미묘한 감정 변화에 대한 공감, 그리고 복합적인 상황에서 전인적 판단 능력 등 인간 의사만이 가질 수 있는 고유한 가치를 대비적으로 부각함으로써 기술 만능주의에 대한 경계와 함께 진정한 의료의 본질에 대한 고민을 촉구한다. 또한 전문 의학 지식과 실제 응급실의 긴박감이 생생하게 묘사되는 동시에, 각 등장인물의 내면 심리와 그들 간의 관계 변화가 섬세하게 그려지며 이야기의 몰입도를 높인다.

의대 진학을 준비하며 미래 의료 환경의 주역이 될 학생들에게 『응급실 로봇 닥터』는 여러 측면에서 매우 유용하고 의미 있는 독서 경험을 제공할 수 있다.

첫째, 미래 의료 기술과 그 윤리적 문제에 대한 구체적이고 생생한 간접 경험을 할 수 있다. 딱딱한 이론서나 뉴스 기사만으로는 체감하기 어려운 AI 의료 시대의 다양한 상황과 딜레마를 소설이라는 형식을 통해 접함으로써 학생들은 좀 더 현실적으로 문제의식을 느끼고 이에 대한 자신만의 생각을 정립하는 데 도움을 받을 수 있다.

둘째, 인간 의사의 대체 불가능한 역할과 가치에 대해 깊이 있는 성찰이 가능하다. AI가 아무리 발전하더라도 환자와 나누는 정서적 교감, 윤리적 결단, 전인적 돌봄과 같은 영역은 인간 의사의 고유한 몫으로 남을 가능성이 크다는 점을 소설 속 이야기를 통해 자연스럽게 깨닫게 된다. 이는 의사로서 자신이 갖추어야 할 핵심 역량이 무엇인지 고민하는 계기가 된다.

셋째, MMI 면접에서 자주 등장하는 AI 관련 주제에 대한 답변을 준비하는 데 매우 효과적이다. 'AI 의사를 신뢰할 수 있는가?' 'AI와 인간 의사의 바람직한 관계는 무엇인가?' 'AI가 오진을 했을 때 그 책임은 누구에게 있는가?' 등과 같은 질문에 대해 소설 속 사례와 자신의 생각을 결합하여 좀 더 풍부하고 설득력 있는 답변을 구성하는 데 영감을 얻을 수 있다.

넷째, 의료 현장에서 협업과 소통의 중요성을 간접적으로 배울 수 있다. 소설 속에서 인간 의사와 AI 의사, 그리고 다른 의료진 간의 협력이나 갈등 상황을 통해 미래 의료 환경에서 필요한 새로운 형태의 팀워크와 소통 방식에 대해 고민해 볼 수 있다.

마지막으로, 의학에 대한 인문학적 접근의 중요성을 일깨워 준다. 질병과 치료라는 의학적 주제를 SF 소설이라는 인문학적 상상력과 결합하여 탐구하는 이 책의 시도 자체가, 의학이 단순한 과학 기술을 넘어 인간과 사회에 대한 깊은 이해가 필요한 학문임을 보여준다.

『응급실 로봇 닥터』는 이처럼 예비 의학도들에게 다가올 미래 의료의 모습을 상상하고, 그 속에서 인간적인 가치를 지키며 성장하는 의사가 되기 위해 무엇을 고민하고 준비해야 하는지에 대한 흥미롭고도 의미 있는 화두를 던져주는 작품이다.

MMI 쟁점과 분석

'인간 의사와 AI 의사의 바람직한 관계는 무엇일까?' AI 기술이 의료 분야에 빠르게 도입됨에 따라 인간 의사와 AI 의사(또는 AI 의료 시스템)의 관계 설정은 미래 의료의 핵심 과제 중 하나다. 『응급실 로봇 닥터』는 이러한 관계를 상상력을 통해 탐구하면서 다양한 논점을 제공한다.

✚ 상호보완적 협력 관계 정립

가장 바람직한 관계는 AI가 인간 의사를 대체하는 것이 아니라, 서로의 강점을 활용하여 시너지를 내는 상호보완적 협력 관계를 구축하는 것이다. 『응급실 로봇 닥터』와 같은 소설은 AI가 방대한 의료 데이터 분석, 신속한 초기 진단 보조, 정교한 수술 지원 등에서 뛰어난 능력을 발휘하는 모습을 그리는 동시에, 인간 의사는 복잡한 상황 판단, 환자와의 정서적 교감, 윤리적 결정 등 AI가 수행하기 어려운 영역에서 핵심적인 역할을 하는 모습을 제시한다.

✚ 명확한 역할 분담과 책임 소재 확립

효율적인 협력을 위해서는 각자의 역할과 책임 범위를 명확히 하는 것이 중요하다. AI는 주로 정보 처리, 패턴 인식, 정량적 분석 등의 역할을 맡고, 인간 의사는 AI가 제공한 정보를 비판적으로 검토하여 최종 진단과 치료 계획을 수립하며, 그에 대한 책임을 지는 구조가 바람직하다.『응급실 로봇 닥터』는 AI의 오진이나 오작동 시나리오를 통해 이러한 책임 문제를 중요한 갈등 요소로 다루며, 인간 의사의 최종 판단과 책임의 중요성을 역설한다.

✚ 인간 의사의 주도성과 AI에 대한 비판적 수용 능력 강화

AI는 강력한 도구이지만 그 판단을 맹신해서는 안 된다. 인간 의사는 AI가 도출한 결과의 생성 과정과 한계를 이해하고(설명 가능한 AI의 중요성), 자신의 전문 지식과 임상 경험, 그리고 환자의 특수한 상황을 종합적으로 고려하여 AI의 제안을 비판적으로 수용하거나 기각할 수 있는 주도적인 자세를 견지해야 한다.

✚ 지속적인 소통, 교육, 그리고 신뢰 구축

- **인간 의사와 AI 간의 상호작용:** AI 시스템은 인간 의사의 피드백을 통해 지속적으로 학습하고 개선될 수 있어야 하며, 의사 역시 새로운 AI 기술에 대한 교육을 통해 그 활용 능력을 높여야 한다.

- **의사와 환자 간의 신뢰:** AI를 진료에 활용할 경우, 환자에게 그 사실을 투명하게 알리고 AI의 역할과 한계, 그리고 인간 의사가 최종적인 책임을 진다는 점을 명확히 설명함으로써 환자의 불안을 줄이고 신뢰를 구축해야 한다. 『응급실 로봇 닥터』는 AI에 대한 환자들의 다양한 반응(기대, 두려움, 불신 등)을 그리면서 이러한 소통의 중요성을 강조한다.

✚ 윤리적 가이드라인 및 사회적 합의

AI 의료 기술의 발전과 함께 그 활용에 다한 명확한 윤리적 가이드라인과 법적, 제도적 장치 마련이 필수적이다. 인간 의사와 AI 의사의 협력 관계 역시 이러한 사회적 합의를 바탕으로 정립되어야 한다.

인간 의사와 AI 의사의 바람직한 관계는 AI를 인간의 지능과 능력을 확장하는 파트너로 인식하고, 인간 의사가 중심이 되어

AI를 윤리적이고 효과적으로 활용함으로써 궁극적으로 환자에게 최상의 의료 서비스를 제공하는 것이다.『응급실 로봇 닥터』는 이러한 미래 관계의 다양한 측면과 딜레마를 상상하게 함으로써 건설적인 논의를 촉발한다.

저는 미래 의료에서 인간 의사와 AI의 가장 바람직한 관계는 서로의 강점을 극대화하여 환자에게 최상의 의료를 제공하는 상호보완적인 협력 관계를 맺는 것이라고 생각합니다.

『응급실 로봇 닥터』와 같은 작품에서 상상해 볼 수 있듯, AI는 방대한 의료 데이터를 신속하고 정확하게 분석하여 진단을 보즈하거나 인간의 물리적 한계를 넘어서는 정교한 수술을 지원하는 등 의학적 판단과 기술의 정확성 및 효율성을 높이는 데 크게 기여할 수 있습니다.

그러나 이 소설이 궁극적으로 탐구한 주제처럼, 환자의 복잡한 감정을 이해하고 깊이 공감하며 정서적 지지를 제공하는 것, 예측 불가능한 응급 상황에서 다양한 변수를 고려한 윤리적 판단을 내리고 그에 대한 책임을 지는 것, 그리고 환자와 깊은 신뢰를 바탕으로 전인적인 치료 계획을 세우는 것은 AI가 결코 대체할 수 없는 인간 의사 고유의 영역이라고 생각합니다.

따라서 AI는 인간 의사의 진단과 치료를 돕는 강력한 '조력자'이자 '파트너'로 기능하되, 최종적인 의학적 판단과 윤리적 결정, 그리고 그에 따른 책임은 인간 의사가 지는 형태가 되어야 합니다. 의사는 AI가 제공하는 정보를 비판적으로 수용하고, AI의 한계를 명확히 인지하며, 환자와의 소통을 통해 AI 활용에 대한 이해와 동의를 구하는 역할을 수행해야 할 것입니다.

결국 기술은 인간을 위한 도구이며, AI와 인간 의사의 현명한 협력을 통해

의료의 질을 한 단계 높이고, 인간 의사는 환자와의 소통과 같이 더욱 본질

적이고 인간적인 역할에 집중함으로써 의료의 참된 가치를 실현하는 것이

바람직하다고 생각합니다.

BOOK.30
나는 미래의 병원으로 간다
김영훈 | 범문에듀케이션

혁신적인 의료 패러다임의 전환을 꿈꾸며

고려대학교 의과대학 교수와 안암병원 병원장을 역임하며 한국 의료계의 교육과 발전에 깊이 관여해 온 김영훈 교수의 『나는 미래의 병원으로 간다』는 단순한 의료 기술 예측서를 넘어 다가올 미래 의료 환경의 청사진과, 그 속에서 의사가 나아가야 할 방향을 제시하는 깊이 있는 통찰을 담은 책이다.

풍부한 임상 경험과 교육자로서의 혜안, 그리고 미래를 내다보는 행정가로서 넓은 시야를 바탕으로 저자는 AI를 비롯한 첨단 기술이 의료 현장을 어떻게 변혁할 것인지, 그리고 그 변화의 중심에서 인간 의사는 어떤 새로운 역할과 역량을 갖추어야 하는지에 대한 진지한 고민을 독자들과 공유한다.

이 책은 특히 AI 시대에 의사를 꿈꾸는 예비 의학도들에게 미래 의사상에 대한 근본적인 질문을 던지면서 변화의 파도 속에서 길을 잃지 않고 중심을 잡을 수 있는 지혜를 제공한다.

김영훈 교수가 『나는 미래의 병원으로 간다』에서 그려내는 미래 병원의 모습과 하고 싶은 말은 현재의 의료 시스템과는 확연히 다른, 혁신적이고 인간 중심적인 의료 패러다임의 전환이다. 저자는 AI가 방대한 의료 데이터를 분석하여 진단 정확도를 획기적으로 높이고, 개인 맞춤형 치료법을 제시하며, 복잡한 수술을 보조하는 등 의료의 기술 측면에서 인간 의사의 능력을 비약적으로 확장시키는 핵심 동력이 될 것이라고 전망한다.

그러나 그는 AI가 결코 인간 의사를 완전히 대체할 수 없으며, 오히려 AI 발전은 인간 의사에게 더욱 고유하고 본질적인 역할에 집중할 것을 요구한다고 강조한다. 즉 AI가 데이터 분석, 정보 처리, 반복적인 업무 등에서 강점을 보인다면, 인간 의사는 복잡하고 예측 불가능한 상황에서 종합적인 판단, 환자와 깊이 있는 공감과 소통, 다학제팀 내에서의 리더십, 그리고 무엇보다 첨단 기술 시대에 더욱 중요해지는 윤리적 결정 같은 영역에서 그 존재 가치를 더욱 확고히 해야 한다는 것이다.

이 책에서 말하는 '이전 세상에 없던 병원'이란 단순히 기술적으로 진보한 병원이 아니라, AI와 인간 의사가 최적의 협력 관계를 구축하여 환자에게 가장 안전하고 효과적이며 동시에 인간적인 의료 서비스를 제공하는 새로운 형태의 치유 공동체임을 역설한다.

그렇다면 이러한 미래 전망 속에서 의대 진학을 준비하는 학생들은 『나는 미래의 병원으로 간다』를 통해 무엇을 배우고 어떤 점에 관심을 가져야 할까?

첫째, AI를 비롯한 미래 의료 기술에 대한 깊이 있는 이해와 비판적 수용 자세를 길러야 한다. 이 책은 AI의 가능성과 한계를 동시에 조명하며, 미래 의사로서 기술을 맹목적으로 따르기보다 그 원리를 이해하고 장단점을 파악하여 임상 현장에 현명하게 적용할 수 있는 능력이 중요함을 시사한다.

둘째, 데이터 해독 능력과 정보 통합 능력의 중요성을 인지해야 한다. AI가 생성하는 방대한 정보를 올바르게 해석하고, 이를 환자의 개별 상황과 가치관에 맞춰 통합적으로 판단하는 역량은 미래 의사의 핵심 경쟁력이 될 것이다.

셋째, 인간 고유의 공감, 소통, 윤리적 판단 능력의 가치를 재확인하고 이를 적극적으로 함양해야 한다. AI가 기술 부분을 상당 부분 담당하게 될수록 환자와 나누는 따뜻한 교감, 복잡한 윤리적 딜레마에 대한 성찰, 그리고 인간적인 돌봄의 중요성은 더욱 커질 것이기 때문이다. 이 책은 이러한 인간적 역량이 AI 시대 의사의 대체 불가능한 핵심 가치임을 강조한다.

넷째, 평생 학습 능력과 변화에 대한 유연한 적응력을 갖추어야 한다는 점을 강조한다. 의료 기술과 환경은 앞으로도 끊임없이 변화하므로 새로운 지식과 기술을 지속적으로 학습하고 변화에 능동적으로 대처하는 자세가 필요하다.

마지막으로, 이 책은 '좋은 의사란 무엇인가'라는 근본적인 질문에 대한 자신만의 답을 찾아가는 과정을 촉진한다. 기술이 아무리 발전하더라도 변치 않는 의사의 소명과 가치를 고민하고, AI와 함께 일하는 미래 의사로서 어떤 모습으로 사회에 기여할 것인지에 대한 구체적인 비전을 정립하는 데 『나는 미래의 병원으로 간다』는 훌륭한 길잡이가 되어준다.

결국 이 책은 예비 의학도들이 다가올 미래를 두려움 없이 맞이하고, 기술과 인간성이 조화를 이루는 새로운 의료 시대를 이끌어갈 핵심 인재로 성장하는 데 필요한 깊은 통찰과 영감을 제공한다.

MMI 쟁점과 분석

'미래 의사상에 대해 설명하시오.' 이 질문에 답하기 위해서는 먼저 AI를 비롯한 첨단 기술이 의료 현장에 가져올 변화를 인지하고, 그 속에서 인간 의사의 역할이 어떻게 재정립될 것인지, 그리고 어떤 핵심 역량이 요구될 것인지를 중심으로 답변을 구성해야 한다.

✚ 미래 의료 환경 변화에 대한 인식 공유

답변의 서두에서는 AI와 빅데이터, 정밀 의료, 원격 의료 등 첨단 기술이 가져올 의료 패러다임의 변화를 간략히 언급하면서 미래 의사가 활동할 배경을 설정한다. 김영훈 교수가 『나는 미래의 병원으로 간다』에서 그리는 '이전 세상에 없던 병원'의 모습, 즉 데이터 중심적이고 고도로 기술화된 동시에 환자 중심성이 강화된 의료 환경을 상상하며, 이러한 변화가 의사의 역할에 미치는 영향을 시사한다.

✚ 미래 의사에게 요구되는 핵심 역량 제시
　　(『나는 미래의 병원으로 간다』 활용)

AI는 방대한 의료 데이터 분석, 진단 보조, 치료법 제안 등에서 강력한 도구가 될 것이다. 따라서 미래 의사는 이러한 기술을 능숙하게 활용하되, 그 결과를 맹신하지 않고 비판적으로 검토하여 최종적인 임상 결정을 내리는 능력을 갖추어야 한다. 『나는 미래의 병원으로 간다』는 기술을 이해하고 주도적으로 활용하는 의사의 모습을 강조한다.

✚ 데이터 해독 능력 및 정보 통합 능력 Data Literacy

AI가 생성하는 복잡하고 방대한 데이터를 정확히 해독하고, 이를 개별 환자의 고유한 상황과 가치관에 맞춰 통합적으로 판단하는 역량이 더욱 중요해진다.

✚ 인간 고유의 공감, 소통, 윤리적 판단 능력의 심화

AI가 데이터 기반의 분석과 효율적인 업무 처리를 담당하게 될수록 인간 의사는 환자와의 깊이 있는 정서적 교감, 복잡한 윤리적 딜레마에 대한 성찰과 판단, 그리고 전인적 돌봄과 같이 AI가 대체하기 어려운 인간 고유의 역량에 더욱 집중해야 한다. 이 책은 기술 발전 속에서도 변치 않는 의료의 인간적 가치를 강조한다.

➕ 평생 학습 자세와 변화에 대한 적응력

의료 기술과 지식은 전례 없이 빠른 속도로 발전할 것이므로 새로운 것을 끊임없이 배우고 변화에 유연하게 적응하는 능력이 미래 의사의 생존과 성장에 필수적이다.

➕ 다학제팀 내 협업 및 리더십

AI를 포함한 다양한 분야의 전문가들과 효과적으로 소통하고 협력하며, 복잡한 의료 문제를 해결하기 위해 팀을 이끌거나 핵심적인 역할을 수행하는 능력이 필요하다.

➕ 창의적 문제 해결 능력과 시스템적 사고

정형화되지 않은 문제나 복잡한 의료 시스템의 개선을 위해 창의적이고 통합적인 사고 능력이 필요하다.

➕ 미래 의사의 지향점 및 개인적 포부

질병을 치료하는 기술자를 넘어 환자의 삶 전체를 이해하고 지지하는 동반자, 의료 혁신을 선도하는 연구자, 그리고 건강한 사회 시스템을 만드는 데 기여하는 리더로서의 의사상을 제시한다. 자신이 어떤 역량을 갖춘 의사가 되고 싶은지, 그리고 이를 위해 어떤 노력을 할 것인지에 대한 구체적인 포부를 밝힌다.

　　미래 의료인은 첨단 기술을 효과적으로 활용하는 동시에 인
간만이 지닌 공감 능력과 윤리적 판단력을 바탕으로 환자 중심
의 전인적 의료를 실현하며, 끊임없이 학습하고 변화를 주도하
는 존재가 되어야 한다.

➕ MMI 모범 답안

제가 생각하는 미래의 의사상은 첨단 기술과 인간적 가치가 조화를 이루는 의료 현장에서 환자 중심의 전인적 치유를 실현하는 사람입니다. 제가 읽은 책 『나는 미래의 병원으로 간다』는 바로 이러한 미래 의사상과 의료 환경에 대한 깊은 통찰을 제공한다고 생각합니다.

첫째, 미래 의사는 AI와 같은 첨단 기술을 능숙하게 활용하되, 그 결과를 비판적으로 검토하고 최종적인 의학적 판단을 내릴 수 있는 데이터 해독 능력과 통합적 사고를 갖춰야 합니다. 김영훈 교수님이 꿈꾸는 '이전 세상에 없던 병원'에서 AI는 의사를 대체하는 것이 아니라, 의사가 더 나은 진료를 할 수 있도록 돕는 강력한 파트너가 됩니다.

둘째, 기술이 발전할수록 더욱 중요해지는 것은 환자와의 깊은 공감과 소통 능력, 그리고 복잡한 윤리적 문제에 대한 성찰입니다. 이 책에서 강조하고 있는 것처럼 AI가 처리하기 어려운 인간적인 영역, 즉 환자의 불안을 다독이고, 어려운 결정을 함께 고민하며, 삶의 가치를 존중하는 역할은 미래 의사의 핵심 역량이 될 것입니다.

셋째, 빠르게 변화하는 의료 환경에 발맞춰 끊임없이 새로운 지식과 기술을 배우고 적용하는 평생 학습 자세와 유연한 적응력 또한 필수적입니다.

저는 이러한 역량을 바탕으로 첨단 기술을 환자 중심으로 활용하고, 동료

의료진 및 AI와 효과적으로 협력하며, 의료 시스템의 발전에도 기여하는 따뜻함과 전문성을 겸비한 의사가 되고 싶습니다.

결국 미래의 의사는 기술의 편리함과 인간적인 돌봄 사이의 균형을 잡고, 환자에게 최선의 가치를 제공하는 핵심 주체라고 생각합니다.

의대
MMI
필독서
30

의대 MMI 필독서 30

초판 1쇄 발행 2025년 8월 11일

지은이 신진상
펴낸이 정덕식, 김재현
펴낸곳 (주)센시오

출판등록 2009년 10월 14일 제300-2009-126호
주소 서울특별시 마포구 성암로 189, 1707-2호
전화 02-734-0981
팩스 02-333-0081
메일 sensio@sensiobook.com

책임 편집 최은영
디자인 Design IF
경영지원 임효순

ISBN 979-11-6657-204-3 (13370)

소중한 원고를 기다립니다. sensio@sensiobook.com